信息化手段助力
高职英语教学的策略研究

包学敏　著

九州出版社
JIUZHOUPRESS

图书在版编目（CIP）数据

信息化手段助力高职英语教学的策略研究 / 包学敏
著. -- 北京：九州出版社，2024.6. -- ISBN 978-7
-5225-3080-2

Ⅰ．H319.3

中国国家版本馆CIP数据核字第20249EH831号

信息化手段助力高职英语教学的策略研究

作　　者	包学敏　著	
责任编辑	云岩涛	
出版发行	九州出版社	
地　　址	北京市西城区阜外大街甲35号(100037)	
发行电话	(010)68992190/3/5/6	
网　　址	www.jiuzhoupress.com	
印　　刷	河北万卷印刷有限公司	
开　　本	710毫米×1000毫米　　　16开	
印　　张	14.5	
字　　数	220千字	
版　　次	2024年6月第1版	
印　　次	2024年6月第1次印刷	
书　　号	ISBN 978-7-5225-3080-2	
定　　价	88.00元	

前 言

随着信息科技的迅猛发展，教育行业面临着前所未有的挑战和机遇。在高职领域，英语是一门基础性和应用性强的科目，如何更有效地将信息化手段融入英语教学过程中，已成为教育工作者和学者关注的焦点。本书旨在对这一课题进行深入的研究和解析。

传统的高职英语教学模式下，教师主要依赖纸质教材和传统的教学手段，这往往限制了学生的学习体验和教学效果。信息化教学手段提供了全新的视角和工具，学校有机会重新审视和构建高职英语的教学环境。因此，教育工作者应了解信息化教学的基本知识，以及信息化教学与高职英语教学的内在关联，助力教学质量的提升。

探索了信息化教学的基础概念和起源后，本书进一步解析了其与高职英语教学的密切关系。通过这种关联性分析，教育工作者可以明确信息化手段在高职英语教学中的角色和重要性，为后续的研究奠定坚实的理论基础。继理论探索之后，本书深入探讨了多种现代信息化教学模式，如慕课、微课、混合学习等，及其在高职英语教学中的应用。这些不同的教学模式有助于优化教学效果，特别是在听力、口语、阅读、写作、翻译等方面。

在技术手段与实践教学相结合的大背景下，管理和质量控制自然成为业界关注的焦点，因此，本书着重介绍了如何通过信息化手段进行高职英语教学的全方位管理，包括过程管理、业务管理、质量管理、监控管理等。这些管理层面不仅涵盖了教学活动的每一个环节，而且有助于提升教学质量和效率。此外，本书还探讨了高职英语教师的信息化素质。在这一环节，本书分析了教师面对信息化教学时应具备的专业素质和信息化能力，并提出了多种实用性较强的素质提升方法。

综上所述，本书旨在指导高职英语教学的信息化过程，从理论到实践，从教学模式到管理方法，从教师素质到教学环节，力求全面而深入。本书在阐释和论述的过程中力求语言简洁，行文通顺合理，但由于著者能力有限，本书还存在诸多不足，有待进一步完善，恳请广大读者批评指正。

目 录 | Contents

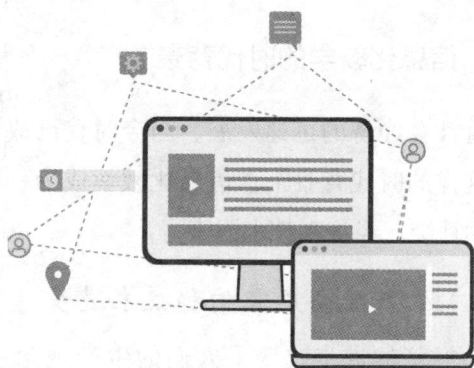

第一章

信息化教学基本认知

第一节 信息化教学的时代背景与发展

一、信息化教学的时代背景

随着社会经济的迅速发展，当今时代已成为一个信息和技术驱动的新时代。在这样的时代背景下，信息化教学成为一种必然的发展趋势，其背后有着深远的社会、经济和技术因素。

（一）生产观念的重构和技术进步

社会经济的进步改变了人们的生产观念。传统的生产方式依赖物质资源和大量劳动力，强调规模和效率。然而，在信息化社会，知识和信息成为新的生产要素。它们不仅影响着产品的形态和价值，而且使生产方式发生了质的改变。随着技术的进步，传统的劳动力需求量减少，而知识和技能的需求量增加。教育和培训变得尤为关键，并为人们提供适应这种新生产模式的能力。

（二）多样化的生产方式和经济转型

在信息时代，大规模生产不再是唯一的生产模式。事实上，小规模和个性化的生产方式正在崛起。这些生产方式更加灵活、高效，能够更好地满足消费者的多样化需求。这一转变意味着教师要重新思考和调整教育内容和方法，以便更好地培养学生的创新能力和适应性。随着经济的转型，一些传统行业和职业可能逐渐消失，新的行业和职业不断涌现。信息化教学能够帮助学生更好地适应这种经济转型，并帮助他们在新的行业和职业中取得成功。

（三）社会产业结构的变革与实际影响

信息化不仅影响了社会的生产模式和经济模式，而且引发了社会产业结构的深刻变革。这种变革给教育领域带来了新的挑战和机会，为信息化教学创造了条件。

1. 传统产业分类的局限性

传统的产业划分方法已经无法满足数字时代的需求。过去的产业划分方法清晰地界定了农业、工业和服务业。然而，随着技术的进步，特别是信息技术的发展，各产业之间的界线变得越来越模糊。例如，软件作为计算机和电子行业的核心产业，其发展远远超越了传统的"服务业"，在驱动现代技术和经济发展中扮演着关键角色。

2. 新产业结构的出现

数字化时代，人们已经逐渐从以物质为主导的产业结构转向以信息为主导的产业结构。这种新的产业结构强调知识、技术和创新。与此同时，新兴的产业，如云计算、大数据、人工智能、物联网等，都体现了信息化对经济的深入渗透。这些产业不仅为社会创造了经济价值，而且给教育领域带来了前所未有的机会。

3. 教育的新挑战与机遇

社会产业结构的变革给教育带来了双重影响。一方面，这种变革提出了新的要求，它要求教育系统培养出能够适应这种新结构的学生；另一方面，信息化为教育提供了更多的资源和工具，为个性化和高效教育的实现奠定了基础。因此，信息化教学不仅是教育领域对社会产业结构变革的回应，而且是创造良好学习环境的手段。

二、信息化教学的发展

（一）萌芽阶段

随着技术的进步，特别是计算机技术的初步成熟，教育界开始探索如何将这一强大的工具融入教育中，这也标志着计算机辅助教学的初步诞生。计算机辅助教学系统为学生提供了一种新型学习环境，主要包括自动化、标准化的教学内容和测试。在这一系统中，计算机主要起着传递知识、组织教学活动和测评学生学习效果的作用。学生通过计算机与预设的教学内容进行互动，学习知识和技能，然后接受系统的自动测评。

这一辅助系统为教育者提供了很多可能性。例如，学习者可以在没有教师的前提下开展学习，不再受限于传统的课堂教学模式。系统中的教学活动和练习变得更加多样化，包括基础的训练与练习、以游戏为基础的学习活动，以及一些模拟真实情景的教学。

然而，早期的计算机辅助教学系统存在着明显的局限性。尽管它提供了丰富的教学材料和活动，但是缺乏学生个体差异的考虑。这意味着所有学生在系统中的学习经验和路径几乎是相同的，系统很难满足不同学生的个性化学习需求。系统不能准确地捕捉学生的知识状态和学习进度，导致学习材料的推荐不符合学生的实际需求。

（二）初步发展阶段

20世纪80年代到90年代中期，信息技术在全球范围内蓬勃发展，这一时期的教育界也见证了信息化教学的第一波浪潮。在这一时期，随着技术的逐渐渗透，幻灯片、投影仪、广播、影视等传统媒体开始和先进的微型计算机结合，共同开启了教育技术的新篇章。微型计算机的普及使得教学不再局限于单一的文字或语言传递，而是通过多媒体方式（如视频、音频、动画等）展示丰富的教学内容。

这一阶段的信息化教学主要围绕着多媒体教学课件的设计和使用开展。这些课件让教学内容变得更加生动形象，帮助学生更好地理解和掌握知识。无论是演示、讨论还是练习，计算机都为教学活动注入了新的活力。然而，这一时期的信息化教学也面临着不少挑战。一方面，多媒体课件的技术要求较高，且耗时耗力，对大多数教师来说，花费大量时间制作课件是不现实的；另一方面，由于每位教师的教学理念和风格各不相同，多媒体课件在不同教学环境中的适用性受到限制，影响了它们的广泛传播和应用。

（三）互联共享阶段

随着21世纪的到来，信息化教学迎来了它的"互联共享"时代。互联共享不仅意味着信息技术的飞速发展，而且意味着教育理念与教学手段的融合与创新。在这一阶段，技术的发展带来了教学资源的爆炸式增长，教学资源多，且质量有所提升。

多媒体教学方式已经成为这一时代的主流，给教育带来了前所未有的生动性和互动性。然而，多媒体教学方式也存在着一些问题，如信息过载、资源不一致、内容质量低等。为了解决这些问题，教育界将重心转向了信息化教学资源的规范化和标准化。例如，教育界创建了能够提供多种教学素材和工具的教学资源库，并引入了资源导航功能，以帮助用户找到他们需要的内容。此外，为了防止教师重复制作相似的内容，教育界开始提供可编辑的课件模板。

基于互联网的资源共享机制为这一阶段的教学注入了新的活力。通过网络，不同地域、不同背景的教师和学生都可以轻松地分享和获取教育资源，这打破了时间和空间的限制，使得教育资源的交流和合作成为可能。这不仅推动了教育资源的进一步完善和优化，而且为信息化教学的下一阶段发展奠定了坚实的基础。

（四）深入整合阶段

进入 21 世纪，随着互联网技术的飞速发展，教育领域逐步迎来了信息技术与教学内容的深度融合。这一阶段的信息化教学不再单纯地展示或管理教学内容，而是为教师和学生创造了一个完整、高效和互动的学习生态系统。在这个系统中，各种教学工具逐渐进入教育实践，为教育工作者提供了前所未有的便利。这些工具涵盖了课程设计、教学资源管理、学生评估、教学反馈等环节。更为重要的是，这些工具不再孤立存在，而是在统一的信息化教学环境中实现了深度整合。

信息化教学环境不仅提供了丰富的教学资源和实用工具，而且突破了传统教育的界限，教师和学生可以在同一平台上进行情景模拟、创新思维、自主学习、团队协作等多种学习活动。此外，这种集成的教学环境还赋予学生更大的学习自主权，他们可以根据自己的兴趣和需求选择学习内容，探索知识，甚至参与课程设计。

信息技术与教学内容实现了真正的深度融合。这种融合使得教育更加灵活、个性化和高效，为学生创造了真实、丰富和富有挑战性的学习环境。同时，这种深度整合的教学环境为教育管理者提供了更为先进的管理工具，使得教育资源的配置、学生的学习进度和教学效果的评价更为高效和准确。

（五）智能教学阶段

在移动互联网浪潮的推动下，教育的形态正经历着前所未有的变革。一个充满活力、不断创新并向智能化迈进的教学模式正在形成。过去的教学模式受到时空的限制，但随着移动互联网的发展，教师授课、学生学习的时间和地点得到了彻底的解放。这种泛在的教学模式被称为"U-learning"，即无处不在的学习。学生如果拥有一个连接互联网的移动设备，就可以在任何时间、任何地方获取知识。

"U-learning"为学生提供了高度个性化的学习经验。基于大数据和云计算，系统能够准确地识别每一个学生的学习习惯、偏好和能力，并为其推荐合适的学习资源和策略。此外，情景交互（如虚拟实验、模拟测试等）可以在这样的环境中得到高效实现，为学生创造更为真实和生动的学习体验。这一时代的教学工具也在经历深刻的变革，传统的教学材料和工具正逐步被数字化产品取代。电子书包和电子课本的出现不仅简化了学生的学习装备，而且为学生提供了互动、多维度的学习空间。在这个空间里，文字、图像、音频、视频等多种元素共同构建了一个生动、立体的知识世界。当然，这种智能化的教学模式也给教育管理者和教师带来了挑战与机遇。传统的教学管理和评价方式已经不能满足新型教学模式的需求，新的管理工具和评价体系应运而生。同时，教师的角色也在发生变化，他们不再是知识的单一传递者，而是学生学习的引导者。

第二节　信息化教学的概念与内涵

一、信息化教学的概念

（一）信息化

当今时代，信息技术深刻地改变了人们的日常生活和工作方式，给人们带来了前所未有的便利。这一变革在许多领域都显现出深远的影响，而"信息化"则成为描述这种变革的核心词汇。信息化代表了思维和实践的转变，各个领域通过广泛应用现代信息技术，追求更高效、更智能的目标，从而加速并优化传统流程，实现现代化。

（二）信息化教学

在教育领域，信息化的意义进一步得到拓展与深化。教育信息化将现代技术引入课堂，推动了教育思想与模式的革新。这意味着教育者需要思考如何更好地满足学生的需求，促进他们的主动学习，打破传统的教学桎梏，实现真正的教育创新。

在数字化的背景下，教育领域正经历着前所未有的变革。这种变革不再局限于简单的技术导入，它涉及教育理念和方法的深层次转变。信息化教学成为这一变革的中心话题，其实质涉及两种重要的整合思路。

一种思路从信息技术出发，即"教学信息化"。这个视角将焦点放在如何运用先进的信息技术改造和刷新现有的教学方法和内容，并将最新的技术工具和手段与传统教育进行整合。这种整合让教学过程更加高效、生动、有吸引力。另一种思路从教学出发，即"信息技术教学化"。这是从教育和教学的内在逻辑视角探索如何在创新的教育实践中，更好地引入和利用信息技术。它不仅关心技术如何服务于教学，而且关心如何在教学的本质和内涵中寻找与信息技术相匹配的点，确保技术的引入能够真正推动教育质量的提升。

这两种思路并不是孤立的，它们共同描绘了一个宏伟的蓝图：信息技术与教学的双向整合。这要求人们在更深的层面上理解教育与技术之间的关系，追求二者的真正融合和一体化。

二、信息化教学的内涵

在教育的经典框架中，学生、教师和教学内容是教学活动的三大支柱。作为学习的中心，学生始终处于教学的核心位置，是教学的始点和终点，所有的教学活动都是围绕学生的需求和利益进行的。教师是这个系统中的关键角色，不仅传授知识，而且指导、激发和调整学生的学习行为，确保教学活动有效进行。教学内容为教学提供了必要的基石，是教育的核心和灵魂。

在数字时代，信息技术的普及和媒体的广泛应用给传统的教学带来了深刻的变革。媒体不仅为教学内容提供了新的展示和传递方式，而且拓展了教学的边界，使得教育更加灵活、生动。因此，在信息化教学中，媒体成为不可或缺的一部分，与学生、教师和教学内容共同构成了现代教育的四大核心要素。这四大核心要素相互作用，相互依赖，共同推动教育的进步。

（一）教　师

在传统意义上，教师是教学活动的核心，肩负着教学信息的筛选、传递和教学目标的实现。然而，随着教育模式的进步和技术的发展，教师这一角色正经历着革命性的变化。现代技术，特别是信息技术和教学媒体的应用，不仅使教育方式更多样化，而且对教师提出了新的挑战和要求。

在数字化教育环境中，教师需要掌握新技术，以更加灵活和创造性的方式组织和传授知识。同时，教师需要关注学生的多元化需求，利用技术工具促进学生的自主学习和合作学习。在这种背景下，教师不仅需要具备深厚的学科知识，而且需要持续地学习和更新自己的技能，以适应信息化教育的发展趋势。

（二）学　生

近年来，以学生为中心的教育理念已被广大教育者接受并实践。在数字化教育环境中，学生不仅是知识的接受者，而且是教学的主体。所有的教学决策和活动都以学生的需求和期望为根本，这意味着教育活动的存在和意义都取决于学生。

信息化教育为学生提供了前所未有的资源和学习平台。通过网络，他们可以接触到全球的知识资源，与各地的学生交流合作，自主选择学习内容和学习方式。这种自主性和灵活性的教学方式使得学生逐渐从被动接收转向主动探索、合作和创新。然而，这种转变也给学生带来了新的挑战。他们需要学习如何筛选和评估网络上的信息、如何有效地使用技术工具、如何与他人合作解决问题，以及如何自我管理和规划学习。因此，信息技术不仅改变了学生的学习方式，而且为学生必需技能的培养提供了可能。

（三）教学内容

教学内容指师生之间传递学习的知识、方法、技能等。在现代教育环境中，教学内容呈现出新的特征和变化，这些变化是信息技术和现代教学媒体不断发展的结果。现代教学内容的特征体现在以下五个方面。

1. 表现形态多媒体化

现代教学内容不再局限于传统的文字和图表形式。多媒体技术的运用使得音频、视频、动画和交互式内容成为教学中常见的表现形式，不仅丰富了教学内容的呈现方式，而且提高了学习的趣味性和教学效果。例如，教授历史时，教师可以通过动画展示历史事件的经过，使得学生更直观地了解历史事件。此外，音频和视频资料也能让学生感受到历史事件的氛围，提高学生的学习效果。

2. 处理数字化

随着数字技术的发展，教学内容得以以数字形式呈现和处理。教师可以使用数字工具对教学内容进行编辑、组织和分析。同时，数字化的教学内容便于存储、检索和共享，提高了教学资源的利用率。学生可以在学校的在线资源库中搜索和下载学习资料，随时复习和巩固知识。

3.传输网络化

互联网和无线网络技术使得教学内容的传输变得更加便捷和快速。无论是课内的互动交流，还是课后的资源分享，都可以通过网络平台实现。例如，在远程教育中，教师可以通过网络平台进行实时互动交流，学生可以在线观看课程录像。网络化的传输方式便于学生和教师即时分享学习资源。

4.超媒体线性组织

超媒体技术允许教学内容以非线性的方式组织和展现。教师和学生可以根据需要选择不同的学习路径和资源。例如，在学习生物时，教师可以利用超媒体技术链接相关的地理、化学和物理知识，形成一个多维度的学习体系。这种灵活性的教学方式鼓励学生主动探索和学习，有助于培养他们的自主学习能力和创造性思维。

5.综合化

现代教学内容不再局限于单一学科的知识。教师可以整合多个学科的内容，形成跨学科的教学资源。例如，在教授地理时，教师可以整合历史等学科的内容，让学生了解地区特征。综合化的教学内容有助于培养学生的综合素质和解决实际问题的能力。

（四）媒 体

信息化教学的核心要素之一是媒体，尤其是现代教学媒体。在开展信息化教育的过程中，人们的媒体观不断地在转变。在电化教育阶段，教学媒体主要用于教学信息传递，以生动形象的方式展示教学中的重点，解决传统教学手段难以解决的问题。随后，到了信息化教育初期，受行为主义学习理论的影响，电视、录音、计算机等教学媒体开始进入教学过程并发挥作用，在这一阶段，教学媒体被视为教师的教学工具、学生的认知工具和学习工具。如今，多媒体计算机、校园网等媒体的发展为学生和教师提供了数字化教学环境。

教学媒体作为信息化教学的核心要素，不仅传递和呈现教学信息，而且为学生提供学习和探索的环境。在这种环境中，学生可以与教师、同学及学习资源进行互动和交流。例如，在计算机综合教室中，学生可以通过网络查找资料、在线讨论、完成作业和测试、展示自己的作品。这种互动和交流有助于学生的自主学习和深入理解。

同时，教学媒体为教师提供了一个开展教学和管理的平台。在这个平台上，教师可以设计和组织教学活动、评估和反馈学生的学习情况、管理和更新教学资源。这种教学和管理有助于教师提高教学效果、满足学生的学习需求。通过收集和分析学生的学习数据，教师可以了解学生的学习进度和问题，为学生提供更加合适的学习资源和指导。学生可以通过数据和分析工具，了解自己的学习情况和需求，制订和调整学习计划。

第三节　信息化教学的特征与原则

一、信息化教学的特征

（一）四个基本特征

从教学技术角度分析，信息化教学呈现出四个基本特征，包括数字化、网络化、智能化和多媒体化。

1.数字化

信息化教学的一个显著特征是数字化。数字化是将文本、图像、声音等非数字信息转化为数字信息的过程。在信息化教学中，教学资源、教学过程和教学成果都可以数字化。数字化的教学资源包括数字教科书、数字课件、数字教学视频等。数字化的教学过程包括在线教学、远程教学、网络考试等。数字化的教学成果包括数字化的成绩记录、数字化的学习轨迹、数字化的学习反馈等。数字化的优势有：方便存储、检索、传输和处理，提高教学的效率和效果。例如，数字化的教学资源可以方便地通过互联网共享，不受时间和地点的限制。

2. 网络化

信息化教学的另一个特征是网络化。网络化是利用计算机网络技术将教学资源、教学过程和教学成果连接在一起的过程。网络化的教学资源包括在线教育平台、网络课程、网络题库等。网络化的教学过程包括网络教学、网络讨论、网络作业等。网络化的教学成果包括网络成绩、网络学习轨迹、网络学习反馈等。网络化的优势有：突破时间和地点的限制，实现异地教学和远程教学，促进教学的个性化和普及化。

3. 智能化

信息化教学的第三个特征是智能化。智能化是利用人工智能技术对教学资源、教学过程和教学成果进行自动化和智能化处理的过程。智能化的教学资源包括智能教学系统、智能课程推荐、智能题库等。智能化的教学过程包括智能教学、智能评估、智能反馈等。智能化的教学成果包括智能成绩分析、智能学习路径分析、智能学习反馈分析等。智能化的优势有：提高教学的自动化和智能化水平，减轻教师和学生的负担，提升教学的效率和效果。例如，智能教学系统可以根据学生的学习水平和兴趣自动推荐合适的课程和题目；智能评估系统可以自动批改学生的作业和试卷，提供及时的成绩和反馈。

4. 多媒体化

信息化教学的第四个特征是多媒体化。多媒体化是利用多媒体技术将文字、图像、声音、视频、动画等多种媒体元素融合在一起的过程。多媒体化的教学资源包括多媒体课件、多媒体教学视频、多媒体教学游戏等。多媒体化的教学过程包括多媒体讲授、多媒体展示、多媒体互动等。多媒体化的教学成果包括多媒体成绩报告、多媒体学习轨迹、多媒体学习反馈等。多媒体化的优势有：丰富教学内容的表现形式，增强学习的趣味性和感知性，提高学习的吸引力和理解力。例如，多媒体教学游戏可以将教学内容和游戏玩法结合在一起，形成寓教于乐的学习环境。

（二）六个主要特征

从教学过程角度分析，信息化教学呈现出六个主要特征，包括资源全球化、教学个性化、学习自主化、活动合作化、管理自动化、环境虚拟化等。

1. 资源全球化

信息化教学的一个显著特点是资源全球化。通过先进的网络技术，教师和学生可以从世界各地获取和共享教育资源。资源全球化不仅丰富了教学资源，而且使得教学活动的视野变得更加宽广。例如，教师可以轻松地获取国际上最新的教育研究成果，及时调整教学内容和方法；学生可以通过网络参与国际学术交流，提高自身的竞争力。因此，资源全球化使得教育活动不再受地域限制。

2. 教学个性化

在信息化教学中，教学个性化变得越来越重要。由于每个学生的学习兴趣、能力和需求不同，教师应根据学生的个性特点给予有针对性的指导和帮助。教师可以通过在线课程平台收集学生的学习数据，分析学生的学习习惯和进展，制订个性化的教学计划。例如，对于那些在口语上表现优异的学生，教师可以推荐一些高阶口语课程，帮助他们更深入地学习；对于那些在口语上有困难的学生，教师可以提供一些辅导资料和教学视频，帮助他们提高学习水平。

3. 学习自主化

学习自主化是信息化教学的一个重要特点。在这种教学模式下，学生可以根据自己的兴趣和需求选择学习内容和方式，成为学习的主动构建者。例如，根据自己的学习进度，学生可以通过在线课程平台自主选择课程；学生可以通过网络参加一些线上讨论和学术交流，与其他学生交流学习心得。学习自主化使得学生更加积极地参与学习活动，提高学习效果。

4. 活动合作化

活动合作化是信息化教学的另一个显著特点。在这种教学模式下，计算机可以扮演学生的学习伙伴，与学生一起进行网上协作学习。例如，学生可以通过网络参加一些线上团队项目，与其他学生一起完成任务；学生可以通过在线讨论平台与其他学生讨论学术问题，互相帮助。活动合作化使得学生更加深入地理解学习内容，提高学习效果。

5. 管理自动化

信息化教学的另一个特点是管理自动化。利用计算机管理整个教学过程，教学活动会变得更加高效和便捷。例如，教师可以通过在线课程平台发布课程通知，安排课程时间，发布作业和测试；学生可以通过在线课程平台提交作业，查看成绩，与教师进行交流。管理自动化可以大大节省教学时间和精力，提高教学效率。

6. 环境虚拟化

环境虚拟化是信息化教学的另一个重要特点。在这种教学模式下，教学活动不再受时间和空间的限制，可以在任何地点和时间进行。例如，学生可以在家里通过在线课程平台观看教学视频，参加线上讨论；教师可以通过网络为远程学生授课，解答学术问题。环境虚拟化使得教学活动变得更加灵活和便捷，提高了教学效果。

二、信息化教学的原则

（一）直观性原则

在信息化的英语教学中，直观性原则要求教师利用形象化和直接体验的教学资源，为学生提供更加直观的知识体验。直观性原则强调将抽象的知识通过多媒体资源形象化，使学生通过观察和体验更加清晰地理解知识。例如，教授语法时，教师可以借助动画和图像，将语法规则形象化。教授现在进行时时，教师可以使用动画展示一个人正在做某个动作，并在旁边展示相应的英文句子，如"Tom is running."这种形象化的教学方式可以帮助学生更加直观地理解语法规则，提高学习兴趣和效果。

（二）参与性原则

在信息化教学中，参与性原则要求学生积极参与教学活动，成为教学过程中的主动者。这种教学方式有助于唤醒学生的学习主体意识，培养学生的学习能力和合作精神，提高学生的学习效果。例如，教授口语时，教师可以通过在线讨论平台鼓励学生参与实际对话的模拟和练习。学生可以根据自己的兴趣和需求选择话题，与其他学生一起模拟对话，共同探讨、分析和评估。在这个过程中，学生不仅能提高口语水平，而且能培养沟通能力和团队合作精神。

参与性原则的运用可以使学生更加投入学习过程中，发挥自身的潜能和创造力，更加深入地理解英语知识，不断提高自身的认知能力和创造力。因此，在信息化教学中，教师应当充分利用多媒体资源和在线教育平台，调动学生的学习积极性，鼓励学生以多种方式参与教学过程。

（三）启发性原则

在信息化教学中，启发性原则强调调动学生主体积极性和创造性思维。它要求教师利用多样化的教学方式支持学生的学习，激发他们的创造性思维，促使学生自主提出问题、分析问题和解决问题，从而充分发展学生的创造性能力和创造性人格。这一原则体现了现代教育理念中教学与发展相互促进、相互影响的规律。

信息化教学环境为教师提供了丰富的资源和灵活的教学方式，有助于实现启发性教学。在实际教学中，教师可以运用多媒体手段引发学生的思考，设计多样化的教学活动启发学生的积极性和自觉性，鼓励学生自主探索和发现知识，从而促进学生情感、态度、价值观的发展。以英语教学为例，教师可以运用网络资源和多媒体手段创造真实的语境，激发学生的学习兴趣。教授阅读理解时，教师可以向学生展示一段视频，并设计与之相关的问题，鼓励学生通过观察、思考和讨论提出自己的观点和解释。这样的教学方式不仅能够调动学生的积极性和创造性，而且能够培养学生的批判性思维和解决问题的能力。

启发性原则反映了信息化社会发展的要求。在信息化社会中，信息素养、创新精神和创造能力成为学校教育的重点。通过信息化教学培养学生的创造性思维，已经成为世界各国教学改革的重心。教师应该充分利用信息化环境的优势和启发性原则，创造有利于学生发展创造性能力和创造性人格的教学情景，为社会培养适应未来社会要求、能够捕获新信息的人才。

（四）整合性原则

在信息化教学中，整合性原则强调将信息技术、信息资源、人力资源、课程内容等各种要素有机地融合在一个系统中，共同完成教学任务。整合性原则不仅要求教师将信息技术和教学资源有效地结合起来，而且要求教师协调各个要素，发挥系统的整体优势，提高教学效率。在实际应用中，整合性原则体现在课堂教学和在线学习的有效结合上。例如，教授听力时，教师可以先在课堂上讲解听力技巧，然后将学生引向在线学习平台，利用丰富的音频资源和练习进行实际操作。这种整合性教学方式既可以在课堂上系统地传授知识，又可以在在线平台上强化学习，从而更好地提高学生的听力水平。

此外，整合性原则还体现在各类教学资源和学习者的有效结合上。例如，教授写作时，教师可以引导学生利用在线词典和语法检查工具，提高写作水平。这种整合性教学方式既能利用教学资源提高学生的写作水平，又能培养学生自主学习和利用资源的能力。

（五）最优化原则

在信息化教学过程中，最优化原则强调通过系统化设计，将教学系统中的各个要素优化组合，实现最优的教学效果。最优化原则要求教师在教学过程中合理安排教学活动和学习活动，使教学的各个要素发挥最大的效益，提高教学效率。在实际应用中，最优化原则体现在教学过程中各个要素的有机结合上。例如，教授词汇时，教师可以将词汇教学和阅读教学有机结合起来，让学生在阅读过程中学习和巩固词汇。这种最优化教学方式既可以提高学生的阅读水平，又可以加强词汇的学习和应用。

此外，最优化原则还体现在教学资源和学习者的有效结合上。例如，教授口语时，教师可以引导学生利用在线语音识别和口语练习工具，提高口语水平。这种最优化学习方式既能利用教学资源提高学生的口语水平，又能培养学生自主学习和利用资源的能力。

第四节　信息化教学的理论模型

一、视听教育理论

视听教育理论的核心概念源自美国教育家戴尔（Dale）提出的"经验之塔"理论。人们获得知识和技能的方式可以划分为三大类：做的经验、观察的经验和抽象的经验。这些经验按照抽象程度从低到高分为十个层次，从具体到抽象逐层递增，如图1-1所示。

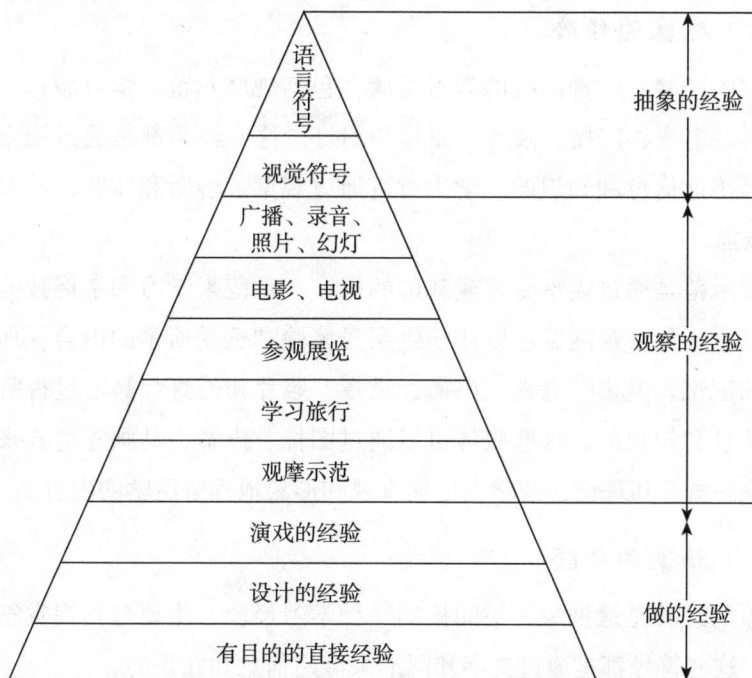

图1-1　经验之塔

（一）做的经验

做的经验是最直接、最具体的一种学习经验。它包括有目的的直接经验、设计的经验和演戏的经验。在这个阶段，学生通过实际操作、实验、模拟和体验来学习和掌握知识、技能和技巧。这种亲身参与和体验的方式可以让学生更加深入地理解和记住所学的内容。

有目的的直接经验（如实验室实验、现场实习、设计竞赛等）需要学生亲自动手操作。这种实践性的学习经验能够帮助学生将理论知识应用到实际操作中，提高学生的操作技能和实际应用能力。设计的经验包括项目设计、产品设计、服务设计等，需要学生运用所学的知识和技能进行实际的创造和设计。这种经验可以培养学生的创造性、创新能力和解决实际问题的能力。演戏的经验主要通过角色扮演、模拟演练等方式进行学习。学生可以通过模拟不同的角色和场景，体验和理解所学的内容。这种经验可以帮助学生更加深入地理解和体验所学的内容，培养学生的沟通、协作和应变能力。

（二）观察的经验

观察的经验是一种间接的学习经验，包括观摩示范、学习旅行、参观展览、电影、电视、广播、录音、照片和幻灯。这些经验都是通过视觉和听觉的方式来传递信息和知识的。学生可以通过观察、聆听和体验，学习和掌握知识和技能。

观摩示范是通过观察专家或教师的操作、示范来学习和掌握技能和技巧的。学习旅行和参观展览可以让学生亲身体验和感受所学的内容，加深学生的理解和记忆。电影、电视、广播、录音、照片和幻灯都是通过视听的方式来传递信息和知识的。这些媒体可以通过图像、声音、动画等形式来展示和解释抽象的概念和理论，使学生更加直观和形象地理解所学的内容。

（三）抽象的经验

抽象的经验是最抽象、最间接的一种学习经验，主要包括视觉符号和语言符号。这些符号都是通过文字和图形来传递信息和知识的。

视觉符号主要是通过图像、图表、地图等形式来传递信息和知识的。这些符号可以帮助学生更加直观和清晰地理解和记忆所学的内容。语言符号主要是通过文字和语言来传递信息和知识的。学生需要通过阅读、理解和解释这些文字，学习和掌握知识和技能。抽象的经验可以帮助学生更加系统地理解和掌握所学的内容，培养学生的逻辑思维、分析能力和综合能力。

"经验之塔"理论强调，教学应该从具体的经验入手，随着学生知识和年龄的增长逐步向抽象发展。这种逐层递进的教学方法有助于加深学生的理解和记忆。特别是在高等职业教育中，教师应用各种视听媒体进行教学，有助于提高教学效率和效果。

二、信息传播理论

信息传播理论与现代教育技术都关注如何更有效地传递信息。在现代教育技术实践和理论建设中，传播学理论为教育信息的有效传递和评估提供了重要的理论支持。通过运用信息传播理论，教育者和技术开发者可以更加高效、准确地传递教育信息，提高教育质量和效果。因此，现代教育技术实践和理论建设需要传播学的理论指导。

（一）信息传播的基本概念

信息传播是一个生成、传输和接收信息的过程。信源是信息的起点，负责产生和发送信息。信道是信息的传输媒介，它可以是物理介质或抽象的传输路径。信宿是信息的终点，负责接收和解释信息。信息传播常常涉及编码和译码，有助于确保信息的准确性和完整性。

（二）信息传播的组成要素

信息传播是一个复杂的过程，涉及多个要素和环节。根据拉斯韦尔（Lasswell）的"5W 传播理论"，信息传播的组成要素包括信息发送者（Who）、信息内容（Says What）、信息传播渠道（In Which Channel）、信息接收者（To Whom）和信息传播效果（With What Effect）（如图 1-2 所示）。在信息传播过程中，每个要素都发挥着重要的作用，并且相互影响。

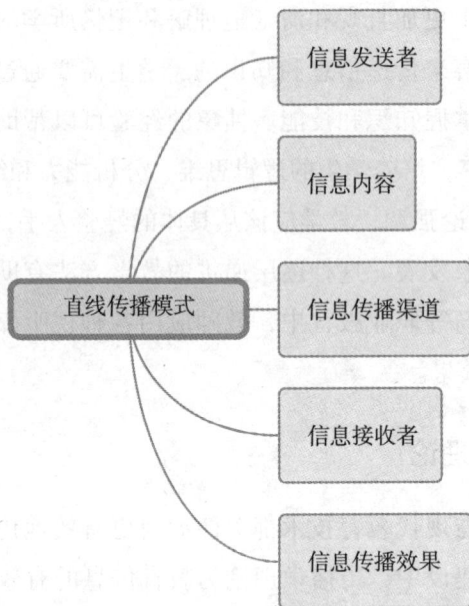

图 1-2　直线传播模式

1. 信息发送者

信息发送者是信息的起点，可以是个人、组织或机构。在传播过程中，发送者不仅是信息的发出者，而且是信息的选择者、处理者和编码者。发送者的文化背景、经验、态度等因素影响信息的选择和表达方式。

2. 信息内容

信息内容是发送者希望传递给接收者的信息本体，包括文字、图片、声音、视频等多种形式。信息内容的选择、组织和表达方式影响信息的接收和理解。

3. 信息传播渠道

信息传播渠道是信息从发送者传递到接收者的途径，包括语言、手势、动作、表情等，以及报刊、电视、广播、互联网等媒体方式。不同的传播渠道具有不同的特点，并对信息的传递速度、范围和效果产生影响。

4. 信息接收者

信息接收者是信息的终点，对接收到的信息进行解码、理解和反馈。接收者的经验背景、个性特征、价值观等因素影响信息的解码和理解。

5. 信息传播效果

信息传播效果是信息传播的最终目的，包括信息接收者的认知、情感、行为等方面的变化。随着技术的发展，信息传播方式也在不断变化。例如，互联网、社交媒体、移动设备等技术手段为信息传播提供了新的渠道。这些技术的应用不仅加快了信息传播的速度、扩大了信息传播的范围，而且为信息发送者和接收者提供了更多的选择和互动方式。在这种情况下，信息传播的要素和环节也随之发生变化，相关人员需要持续关注和研究。信息传播还需要考虑噪声的干扰。噪声可以来自多个方面，包括信息传播渠道的干扰、信息接收者的主观解读、外部环境的干扰等。为了提高信息传播的有效性，应尽量减少噪声的干扰，增加发送者和接收者经验领域的重叠，选择合适的传播渠道，制定有效的信息传播策略。

（三）信息传播的符号

信息传播是教学中非常重要的一个环节。在信息传播过程中，符号是一个关键要素，它起着将抽象信息转化为可理解的形式的作用。

信息传播符号主要分为语言符号和非语言符号两种。语言符号是一种基于文字或声音的符号，在教学中占据着主要地位，包括口头语言符号和文字符号。口头语言符号是通过声音来传递信息的，如教师通过语言授课；文字符号是通过文字来传递信息的，如教科书等。非语言符号包括动作性符号、音响符号、图像符号和目视符号。动作性符号是通过肢体动作来传递信息的，如教师通过肢体语言辅助讲解；音响符号是通过非语言的声音来传递信息的，如音乐、响声等；图像符号是通过视觉形象来传递信息的，如图片、图表、动画等；目视符号是通过视觉直接观察到的物体或现象来传递信息的，如实地考察、实验观察等。信息传播符号如图 1-3 所示。

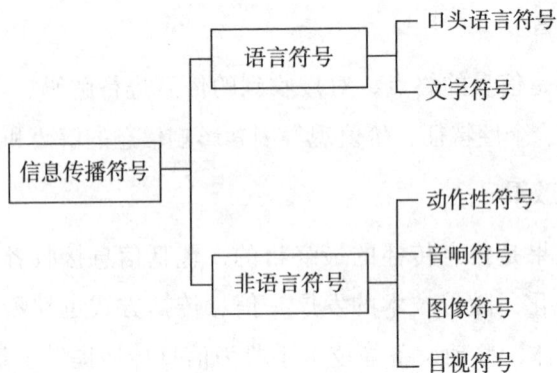

```
                              ┌─── 口头语言符号
                   ┌─ 语言符号 ┤
                   │          └─── 文字符号
                   │
      信息传播符号 ─┤          ┌─── 动作性符号
                   │          │
                   └─ 非语言符号┤    音响符号
                              │    图像符号
                              └─── 目视符号
```

图1-3　信息传播符号

需要注意的是，不同传播符号的信息量有所不同。图像符号的信息容量通常比语言符号大得多。图像可以同时传递大量的信息，包括形状、颜色、位置等。语言符号通常是线性的，一次只能传递一部分信息。课堂教学的信息量和信息容量是影响传播效果的重要因素。在教学中，选择合适的传播符号是提高传播效果的关键。例如，教授复杂的抽象概念时，教师应使用图像符号；教授详细的步骤或流程时，教师应使用语言符号。当然，信息传播还受其他因素的影响，如教学环境、教学方式、学生的学习能力等。因此，在教学中，教师应该综合考虑这些因素，选择合适的传播符号，以提高教学效果。

（四）信息传播的模式

1. 直线传播模式

直线传播模式，又称线性传播模式，是最基本的信息传播模式。它简单地将信息传播过程描述为从信息源到信息接收者的单向流动。在这种模式中，信息源负责产生和发送信息，信息接收者则负责接收和解释信息。直线传播模式通常用于不需要或不强调信息接收者反馈的信息传播场合，如电视广播、广告传播等。虽然这种模式能够清楚地展示信息传播的基本过程，但是它忽略了接收者对信息的反应和反馈，使得信息传播变得单向和静态。

2. 循环传播模式

循环传播模式是一种更复杂、更符合实际的信息传播模式。它强调信息的传送者和接收者都是信息传播的主体，信息传播是一个双向、循环往复的过程。这种模式充分考虑了接收者的反应和反馈，强调了信息传播的互动性。在循环传播模式中，信息传送者发送信息后，关注接收者的反应，并根据反馈信息调整传播策略。这种模式适用于高度互动的信息传播场合，如教学、商务谈判、心理咨询等。循环传播模式更加贴近现实，在实际的信息传播过程中，接收者的反馈往往对传播效果有重要的影响。

3. SMCR 传播模式

SMCR 传播模式是由美国传播学者贝罗（Berlo）在 20 世纪 60 年代提出的一种综合性信息传播模式。SMCR 代表四个关键因素：信息源（Source）、信息（Message）、通道（Channel）和接收者（Receiver）。传播的最终效果不是由传播过程中的某一部分决定的，而是由这四个部分及它们之间的关系共同决定的。在这种模式中，信息源和接收者的沟通能力、信息的编码和解码、通道的选择和使用等都对信息传播的效果有重要的影响。这种模式强调信息传播的复杂性和多元性，适用于需要综合考虑多个因素的信息传播场合，如公共关系、营销传播等。SMCR 传播模式被广泛应用于传播学研究和实践中，对信息传播效果的分析和改进具有重要的指导意义。

三、系统科学理论

系统科学理论是一个跨学科领域的理论体系，研究如何将不同的部分组成一个有机的整体，并探讨整体与各个部分之间的相互关系和作用。系统科学理论的研究不仅关注系统本身，而且关注系统的行为、功能和发展。系统科学理论主要包括系统论、控制论和信息论，这三个理论在 20 世纪 40 年代先后创立，并获得了迅猛发展。

（一）系统论

贝塔朗菲（Bertalanffy）是系统论的创始人之一，他强调系统不是各个要素的机械组合或相加，而是一个有机的整体。系统中的要素相互关联，共同构成一个不可分割的整体。

系统论是一个研究系统的科学理论，旨在探索和揭示各种系统中普遍存在的模式、结构、原则和规则。系统论具有逻辑和学术性质，是一个新兴的科学领域。系统论的核心观念是系统的整体性和相互关联性。

系统论的研究方法是把研究对象视为一个系统。它关注系统的结构和功能，研究系统、要素、环境三者的相互关系和变动的规律性。与此同时，系统论强调从优化系统的观点看问题。系统论不仅强调认识系统的特点和规律，而且强调利用这些特点和规律控制系统、管理系统、创造新系统。系统论在现实世界中有着广泛的应用，如科学研究、工程设计、管理决策和社会政策的制定等领域。

（二）控制论

控制论是一门研究系统的通信、控制和调整的学科，在多个领域有着广泛的应用。控制论的基础体现在两个关键概念上：信息和反馈。信息是关于系统状态的知识或观察，而反馈则是系统输出的反馈作用。

控制论着重研究数学关系，以建立系统的数学模型，并根据这些模型设计和分析控制策略。控制论的应用范围广泛，涉及人类工程学、控制工程学、通信工程学、计算机工程学、一般生理学、神经生理学、心理学、数学、逻辑学、社会学等多个学科。它在自然科学和社会科学中的应用，不仅有助于理解和改进工程系统、化工系统、通信系统等非生物系统，而且有助于人们更好地理解和研究生物系统。

近年来，随着机器学习和人工智能技术的发展，控制论的应用得到了更深入的拓展。例如，深度学习模型的训练和优化可以借助控制论中的优化算法和控制策略来实现。同时，随着物联网技术的普及，控制论在物联网系统的设计和优化中发挥着重要作用。通过实时数据的收集和反馈，对物联网系统进行实时调整和优化，提高系统性能和稳定性。

在经济学中，控制论的方法和思想可以用来分析和优化市场供需、价格、生产等变量的关系，从而制定更有效的经济政策和战略。在社会学中，控制论有助于研究和理解社会网络、人际关系和社会现象之间的相互作用和影响，为社会政策的制定提供参考。

（三）信息论

信息论运用概率论和数理统计的方法研究信息、信息熵、通信系统数据传输、密码学、数据压缩等问题。其核心概念是信息，即系统之间交换的数据和消息。信息论关注的是信息的产生、传递、接收和处理，以及如何更有效、准确地传递信息，被广泛应用于电信、计算机科学、统计、生物学、心理学、语言学、神经心理学、语义学等领域。信息论可以分为以下三个层次。

1. 狭义信息论

狭义信息论是主要聚焦于信息的处理和传递的科学。它采用数理统计方法研究通信和控制系统中普遍存在的信息传递的共同规律，以及如何提高各信息传输系统的有效性和可靠性。在传递过程中，信息通常受到各种噪声的干扰。狭义信息论关注如何有效地抵抗这些干扰，保证信息的高效、准确传递。此外，它也关注如何有效地编码和解码信息，以实现数据的压缩和加密。

狭义信息论的一个关键概念是香农熵，用来量化信息的不确定性或随机性。熵越高，信息的不确定性越大。狭义信息论关注信息的传递速率和带宽的优化。在现代通信系统中，如何充分利用有限的带宽资源，提高信息的传递速率，是狭义信息论研究的重要课题。狭义信息论为现代通信工程、信息处理、信息安全等提供了重要的理论依据。

2. 一般信息论

一般信息论不仅关注信息的处理和传递，而且关注噪声理论、信号滤波与预测、调制与信息处理等问题。噪声理论主要研究信息传递过程中噪声的性质、来源和影响，以及如何有效地消除或降低噪声对信息传递的影响。信号滤波与预测关注如何从嘈杂的信号中提取有用的信息，或者根据历史数据预测未来的信号变化。调制与信息处理关注如何将信息有效地编码到载波信号中，以便在通信链路中进行传递。

一般信息论还关注信息的量化和离散化。在数字通信系统中，模拟信号经过量化和离散化处理后，以数字信号的形式传递。一般信息论研究如何有效地进行量化和离散化，以保证信息的高效、准确传递。一般信息论的研究对象通常是实际的通信系统，包括无线通信、光通信、有线通信等。它关注如何优化通信系统的性能，提高信息的传递速率、可靠性和安全性。一般信息论为现代通信技术和信息处理技术的发展提供了重要的理论支持。

3. 广义信息论

在心理学和神经心理学领域，广义信息论主要关注大脑如何处理和解释信息，包括感知、记忆、思维、决策等心理过程。例如，人们如何从环境中接收信息，如何将这些信息转化为有意义的知觉，如何存储和检索记忆中的信息，如何使用信息进行推理和决策。广义信息论有助于人们更好地理解大脑的信息处理机制，包括信息的编码、存储、检索、解码等。在语言学和语义学领域，广义信息论主要关注语言的信息结构和意义，包括语言的句法、语义、修辞结构等。例如，如何从语言中提取信息，如何使用语言有效地传递信息。广义信息论有助于人们更好地理解语言的信息特性，包括语言的复杂性、多义性、歧义性等。

随着科技的进步，信息论的应用领域不断扩展。例如，在量子信息科学中，信息论的概念和方法被应用于量子通信、量子计算、量子密码学等领域。此外，信息论还在神经科学和认知科学中有广泛的应用，帮助人们更好地理解大脑是如何处理和传递信息的。信息论对教学系统的分析和优化具有重要价值。教学过程实际上是教学信息的传递过程。通过应用信息论的方法，教师可以更好地理解和设计教学信息的传递、处理、分析等过程，从而提高教学效果。

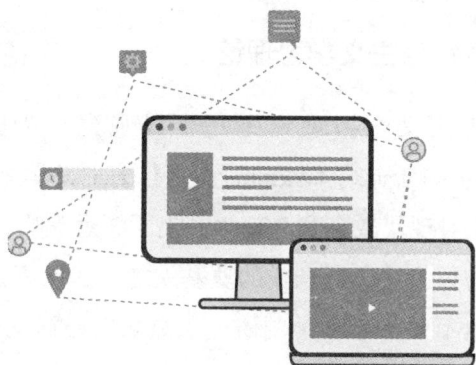

第二章

高职英语教学基本认知

第一节　高职英语教学的理论支撑

一、行为主义学习理论

行为主义学习理论是一个以观察行为为基础的心理学理论。沃森（Watson）和斯金纳（Skinner）是行为主义学习理论的两位重要代表人物，他们的观点对现代教育和心理学产生了深远影响。

作为行为主义心理学的奠基人之一，沃森在 20 世纪初推动了一场心理学革命。他不仅将心理学的研究焦点从内心活动转向量化行为，而且进一步强调了学习是一个行为变化的过程。[1] 他提出的"刺激—反应"模型为后来的心理学家和教育工作者提供了一个全新的研究视角。沃森拒绝将弗洛伊德式的内心活动作为研究对象，这些内心活动太过主观，无法用科学的方式进行量化和研究。在这一观点的指导下，教育工作者可以更为系统地观察和记录学生的行为习惯和反应模式。在教育实践中，沃森的理论有着广泛的应用价值。通过分析刺激与反应之间的关系，教师可以精准地判断哪种教学方式更适合特定的学生群体。例如，面对某种特定的教学刺激（如视觉材料、听觉材料）时，学生反应积极，教师就可以据此设计更多类似的教学活动，以提高学生的学习效果。

斯金纳在沃森理论的基础上进行了更深入的研究。他不仅关注刺激与反应，而且进一步研究了行为强化机制。[2] 教师可以通过适当的强化手段（如奖励、惩罚）激励和引导学生，从而达到预期的学习效果。此外，斯金纳还深入研究了刺激的分类。他将刺激分为言语刺激、内部刺激和外部刺激，每种刺激都有其独特的影响和应用场景。例如，在语言教学中，通过反复使用某

---

① 华生. 行为主义 [M]. 李维，译. 杭州：浙江教育出版社，1998：1-22.
② 斯金纳. 科学与人类行为 [M]. 谭力海，等译. 北京：华夏出版社，1989：378-389.

种特定的言语刺激，学生可以更快地掌握新词汇或语法结构。这种强化机制不仅可以用于单一的学科或技能培训，而且可以用于综合素质教育、情感态度培养等方面。

行为主义学习理论在当今的教育体系中占据着重要地位。这一理论突出了教师在教育过程中的作用，强调通过干预活动指导学生的行为，帮助学生掌握语言知识和技能。该理论还强调为学生提供语言学习材料，以便更好地支持他们的学习过程。总之，行为主义学习理论是一个对教育实践有重要启示的理论体系，有助于教师理解和指导学生的学习行为。

二、认知主义学习理论

认知主义学习理论是对行为主义学习理论的发展，它集中在学习的内部条件和过程。与行为主义学习理论不同，认知主义学习理论强调学习者的主观意识和思维在学习中的重要作用。学习是一种认知结构的形成和发展过程，而这一结构的形成依赖于学习者对情景的理解和认知。认知主义学习理论的代表性观点有皮亚杰（Piaget）的发生认识论、布鲁纳（Bruner）的发现学习理论和加涅（Gagne）的学习过程理论。[①]

（一）皮亚杰的发生认识论

皮亚杰的发生认识论着重于人的认知发展，尤其是儿童的认知成长过程。人的认知发展是一个阶段性的过程，皮亚杰将这一过程分为以下四个阶段：感官运动期、前操作期、具体操作期和形式操作期。

1. 感官运动期（0—2岁）

在感官运动期，婴儿的认知发展主要依赖于与外部世界的直接互动。这是一个基础的认知发展阶段，婴儿通过触摸、听、看、尝、闻等感官体验探索和理解环境。在这个阶段，婴儿学会了与物体互动、控制自己的动作。例如，婴儿学会跟随物体的移动抓取物体，或者将物体放入口中。通过这些动

---

① 皮亚杰. 皮亚杰发生认识论文选 [M]. 上海：华东师范大学出版社，1991：173-181.

作，婴儿对物体的属性（如形状、大小、纹理、重量）有了初步的了解。此外，婴儿在这个阶段开始理解物体的永久性。6个月之前，当物体从婴儿的视野中消失时，婴儿可能认为物体已经消失。6—8个月，婴儿开始理解不在视野中的物体并没有消失。这是一个关键的认知里程碑，标志着婴儿开始形成更加持久和稳定的认知结构。

2. 前操作期（2—7岁）

前操作期是关键的认知发展阶段，儿童开始使用符号和语言表达自己，并发展初步的逻辑思维能力。在这个阶段，儿童的思维是直观和具体的，难以进行抽象和逻辑推理。儿童往往固守自己的视角，难以理解他人的视角。因此，在前操作期，儿童的思维特点是"以自我为中心"。例如，一个3岁的孩子可能认为自己的母亲是世界上唯一的母亲，无法理解其他孩子也有自己的母亲。此外，儿童在这个阶段还表现出"聚焦"思维。他们往往只关注事物的一个方面，忽略其他相关的因素。例如，当一个玩具被移到另一个地方时，儿童可能认为玩具的数量发生了变化，其位置没有发生变化。

3. 具体操作期（7—11岁）

具体操作期是认知快速发展的阶段，儿童开始进行具体的逻辑操作和推理，能够解决具体问题，但仍然难以处理抽象概念。在这个阶段，儿童的思维逐渐变得客观、逻辑和灵活。在具体操作期，儿童可以理解和应用一些基础的数学概念，如数量、测量、算术。他们可以理解"等于"的概念，知道物体的数量不会因为形状或位置的变化而变化。这表明儿童的思维已经脱离了直观的阶段，可以进行一定程度的逻辑推理。此外，儿童在这个阶段还表现出更好的记忆力和注意力。他们不仅可以记住更多的事实和信息，而且可以集中注意力在特定的任务上。这有助于儿童更加有效地学习和掌握知识。

4. 形式操作期（11岁以上）

形式操作期是认知成熟的阶段，青少年和成年人能够进行抽象和逻辑推理，能够处理复杂的问题、思考未来的可能性。在这个阶段，人们的思维逐渐变得抽象、系统和综合。

在形式操作期，人们可以理解和应用一些复杂的数学和科学概念，如变量、概率、假设。他们可以通过逻辑推理和实验验证解决问题，这表明人们的思维已经脱离了具体的阶段，可以进行高阶的逻辑和抽象。此外，人们在这个阶段还表现出更好的批判性思维和创造力。他们可以批判性地思考问题，不盲目接受他人的观点。他们也能够创造性地解决问题，提出新的观点和想法。这有助于人们更加深刻地理解世界。

由此可知，皮亚杰的发生认识论强调认知发展是一个不断适应和调整的过程。通过"同化"和"顺应"，学习者将新经验融入已有的认知结构中或者调整自己的认知结构。

（二）布鲁纳的发现学习理论

学习是一种主动的认知结构形成过程，这一结构有助于学习者感知和概括新事物。布鲁纳将学习过程分为以下三个阶段。知识的获得、知识的转换和知识的评价。[①]

1.知识的获得

知识的获得是学习的第一个阶段，也是一个基础阶段。在这个阶段，学习者通过观察、体验和互动，获取新知识和信息。这是一个接触和吸收新信息的过程。例如，学习者可以通过阅读、听讲、实验、参观等方式获取知识。在知识的获得阶段，学习者的注意力、观察力和记忆力非常重要。学习者需要注意新知识和信息的特点和细节，观察事物的规律和变化，记住重要的概念和信息。同时，学习者需要积极参与互动和讨论，向他人请教，分享自己的观点和体验。这有助于学习者更加深刻地理解新知识和信息。

知识的获得不仅是信息输入的过程，而且是信息处理的过程。学习者需要根据自己的认知水平和学习需求，选择和过滤信息，并进行初步的整理和归纳。这有助于学习者更加有效地吸收、利用新知识和信息。

---

① 布鲁纳.布鲁纳教育论著选[M].邵瑞珍，等译.北京：人民教育出版社，1989：42-58.

2. 知识的转换

知识的转换是学习的第二个阶段，也是一个关键阶段。在这个阶段，学习者将新知识与已有的认知结构相结合，形成更加完善和复杂的认知结构。这是一个信息整合和深化的过程。例如，学习者可以通过比较、分类、归纳、推理等方式转换知识。在知识的转换阶段，学习者的思维能力和创造力非常重要。学习者需要运用抽象思维，发现和概括事物的内在规律和联系。学习者需要发挥想象和创造力，提出新的观点和假设，探索新的问题和解决方案。这有助于学习者更加深刻地理解和应用新知识。

知识的转换不仅是信息加工的过程，而且是信息创新的过程。学习者需要根据自己的认知水平和学习需求，创造和发展新的认知结构和学习方法。这有助于学习者更加有效地掌握和运用新知识，提高学习的灵活性和创新性。

3. 知识的评价

知识的评价是学习的第三个阶段，也是一个反馈阶段。在这个阶段，学习者对自己的认知结构和学习成果进行反思和评价，检查自己的理解是否正确、完整。这是一个信息检验和修正的过程。例如，学习者可以通过自我测试、同伴评价、教师评价等方式评价知识。

在知识的评价阶段，学习者的自我监控和自我调节能力非常重要。学习者需要注意自己的认知偏差和学习困难，积极寻求反馈和帮助，调整自己的学习策略和方法。同时，学习者需要根据实际情况和目标，设定合理的评价标准和目标，注重学习的过程和效果。这有助于学习者更加客观地评价知识，提高学习的有效性和自主性。

知识的评价不仅是信息输出的过程，而且是信息反馈的过程。学习者需要根据自己的认知水平和学习需求，反馈和修正自己的认知结构和学习方法。这有助于学习者更加有效地掌握和运用新知识，提高学习的持续性和发展性。

布鲁纳的发现学习理论强调学习者多项能力的全面发展，鼓励学习者自己发现问题和解决方法。这一理论对教育实践有很多启示，如鼓励学生自主探索和发现，培养学生的批判性思维和问题解决能力，为学生提供丰富的学习资源和支持，激发学生的学习兴趣和动机等。

（三）加涅的学习过程理论

加涅认为，学习过程包含八个阶段，每个阶段都对学习产生了不同的作用，并强调了内部条件和外部条件对学习过程的影响。这一理论旨在帮助人们更好地理解学习过程，并为学习效果的提高提供有益的指导。

1. 推动阶段

在学习的推动阶段，重要的是激发学习者的兴趣。教师可以采用多种方法来激发学习者的好奇心，如展示与生活相关的实例、引入实验。在这一阶段，教师需要深入了解学生的需求和兴趣，设计能触动他们的激励机制。教育研究显示，动机强烈的学生在后续的学习过程中更容易获得成功，他们对新知识和技能有更高的期望和更强的求知欲。

2. 领会阶段

领会阶段是一个过渡性阶段，学习者开始把注意力集中到具体的学习任务上。在这一阶段，教师可以通过讲解、示范、互动讨论等方式，帮助学生接触和了解新的知识和概念。此阶段的目的是为更深层次的学习打下坚实的基础，通过初步的接触和了解，让学生对即将学习的内容产生清晰的认识和期待。这一阶段不仅有助于信息的吸收，而且有助于学习者自信心的建立。

3. 习得阶段

在习得阶段，学习者开始更深入地探索和理解新知识。这一阶段通常涉及多种认知处理活动，如比较、分类、归纳、推理。教师在这一阶段的任务是提供丰富和多样化的学习资源和活动，以促进学生深层次的思考和理解。例如，通过实验、项目、案例分析等，学生可以将新知识与已有的知识或经验相结合，从而形成更完善和复杂的认知结构。

4. 保持阶段

保持阶段主要涉及记忆的巩固和长期储存。在这一阶段，重复和应用是关键。通过不断的复习和实践，学习者可以从短期记忆转移到长期记忆。教师可以通过定期的测验检查学生的知识掌握情况，同时可以提供额外的学习机会和反馈，进一步加强学生的记忆和应用能力。

5. 回忆阶段

回忆阶段被视为重要的衔接点，是习得阶段和保持阶段的延续。在这一阶段，学习者需要对所学的知识和技能进行回顾和总结，确保对这些内容有清晰和准确的理解。通常这一过程涉及多种形式的检查和评价，如自我测试、同伴评价、教师评价。

6. 概括阶段

概括阶段是一个至关重要的阶段，它促使学习者对所学知识进行提炼和概括，从而形成更高阶和普适的认知结构。这个阶段要求学习者不仅能够记住和理解具体的信息，而且能够从具体的信息中提取出基本的规律和原则。通过分析、抽象和概括，学习者能够将个别的事实或概念整合成更全面的理论或模型。这一过程常常涉及对比、分类、归纳、推理等高级认知活动。教师在这一阶段可以设计各种案例分析、批判性思考训练、小组讨论等活动，以帮助学生进行深度的思考和概括。

7. 应用阶段

应用阶段是学习过程中非常实用的一个阶段。在这一阶段，学习者需要将掌握的知识和技能应用到实际生活和工作中，验证其价值和效用。例如，在物理课堂上，学生可能需要设计一个小型的电路板来验证欧姆定律；在经济学课堂上，学生可能需要通过模拟软件来分析不同的市场结构。这些实践活动不仅加深了学习者对知识的理解，而且提高了学习者解决问题和适应新环境的能力。

8. 反馈阶段

反馈阶段是一个持续性自我调整的过程，涉及学习者的自我评价和反思。在这一阶段，学习者需要通过总结和反思，识别自己在学习过程中的优点和不足。教师通常会在这一阶段提供形式化的评价，如考试、报告，同时鼓励学生进行自我评价和同伴评价。这一阶段的最终目的是通过反馈和修正，提高学习者的自我调节能力，使他们能够更有效地掌握新知识和技能。

三、建构主义学习理论

建构主义学习理论强调学生通过与自然、社会环境和文化的互动，自主构建知识体系。多媒体和网络技术的出现与发展，为建构主义所倡导的理想学习环境提供了坚实的物质支持。在这样的环境下，学生可以根据自己的学习需求和兴趣，通过多媒体自主学习和探究，实现知识的自主建构。同时，互联网技术使学生能够更轻松地与教育者、其他学生和外部社会环境进行互动，获得更广泛的学习资源和反馈。多媒体和网络技术的支持使得建构主义学习理论不再只是学者研究的对象，而是能够真正进入课堂的重要理论基础。

（一）建构主义的知识观

建构主义对知识的理解有别于传统的知识观，它突出了知识的不确定性和变革性。在建构主义的视野中，知识并非现实的直接、精确的映射，而是解释或假设。这种解释和假设不是最终的答案，而是不断演变的过程。随着人类经验和认识的不断增加，原有的知识被新的知识取代。知识不再是一成不变、精确概括世界法则的实体，而是根据具体情景进行再创造的过程。

建构主义的知识观对传统的教育模式产生了深远的影响。一方面，教师不再被视为知识的唯一权威。知识不再被视为固定的、确定的实体，而是基于学生的经验背景进行建构的过程。教师不再将知识直接传递给学生，而是引导和激发学生进行自主探究和创新，帮助学生建构自己的知识体系。另一方面，课本不再被视为解释现实的模板。课本中的知识不再是唯一正确的答案，而是一种暂时的解释。学生需要根据自己的经验背景和具体情景对课本中的知识进行重新解释和再创造。

（二）建构主义的学生观

建构主义的学生观突破了传统的知识传递模式，强调学生自主建构知识、发掘潜能、体验世界的差异性，使学习变得更加富有创意、更加深刻。

每个学生都是具有独特经验的个体，每个学生在自己的活动和与他人的交往中形成了个性化的经验和认知风格，由此对具体问题产生了不同的理解，这种多样性和差异化的理解为教学提供了丰富的视角，也是宝贵的教育资源。建构主义的学生观不仅强调学生先前经验的重要性，而且突出知识的处理和转换。

在实际的教学过程中，教师不能忽视学生先前经验的重要性，而要引导学生根据原有知识，逐步发现、建立新的知识经验，因此教学不应该是单纯的知识传递，而应该是知识的处理和转换。教师应该倾听学生的想法，了解学生的想法来源，并以此为基础，引导学生丰富自己的理解。教师应该与学生共同探讨问题，互相交流和质疑，了解对方的想法并进行调整。

（三）建构主义的学习观

与传统的学习观不同，建构主义强调学习的建构性和情景性。

学习的建构性强调学习不是简单的信息接收与吸收，而是个体主动参与的知识建构过程。在这个过程中，学生不是被动的信息接收者，而是主动的参与者。他们不仅接受知识，而且积极参与知识的发现和创造，对知识进行加工、改造和整合，形成自己的理解。学习的建构性还体现在学习的相对性、反复性、双向性和个体性上。每个学生都有自己独特的知识体系和学习方式，因此学生对新信息的理解依赖于原有的知识体系和认知结构。学习是新旧知识经验之间反复的、双向的相互作用过程。新知识的学习引发学生对原有知识进行调整，形成更加完善的知识体系。教学过程应该充分体现学习的建构性，鼓励学生积极参与学习过程，发现和解决问题，培养学生的创新能力和批判性思维。这种学习观有助于培养学生的终身学习能力和自主学习能力，激发学生的学习兴趣和积极性，提高学习的效果和质量。

传统教学常常忽视知识和情景之间的关系，将知识从情景中抽象出来，这种做法虽然有助于知识的分类和概括，但是削弱了知识与情景之间的联系。事实上，知识并不是脱离情景的抽象概念。学习的情景性强调学习与情景的紧密相连。学习是发生在特定情景中的，该情景为学习提供了背景、参照和意义。此外，情景性学习还强调学科间的交叉和融合。情景性学习能够帮助学生更好地理解和应用知识，提高学生的问题解决能力和创新能力。

第二节　高职英语教学的主要内涵

一、高职英语教学的教学目标

高职英语教学的教学目标是培养学生在职场环境下运用英语的基本能力，特别是听说能力。同时，提高学生的综合文化素养和跨文化交际意识，培养学生的学习兴趣和自主学习能力，使学生掌握有效的学习方法和学习策略，为学生就业竞争力的提升及可持续发展打下必要的基础。

（一）培养职场英语应用能力

高职英语教学的核心目标之一是培养学生在职场环境下的英语应用能力，特别是听说能力。这一目标不仅涉及语言能力的培训，而且涉及多个方面综合素质的培养。

职场英语应用能力不局限于语言知识的掌握，更重要的是语言知识的灵活运用。对学生来说，掌握必要的词汇、语法知识是应用英语的基础。这些知识能够为学生提供充分的语言素材，使他们能够在不同的情景中进行流利、准确的沟通。

除了语言知识之外，听、说、读、写、译技能也很必要。具体而言，听力和口语技能帮助学生与外国友人进行口头沟通；阅读和写作技能够帮助学生进行书面沟通；翻译技能帮助学生在不同语言环境中进行信息转换。通过综合运用这些技能，学生将更加自信地在职场环境中与他人交流，完成各种沟通任务。

除了语言技能之外，高职英语教学还应培养学生的非语言沟通能力。体态语言和多媒体手段的恰当运用有助于加强沟通的效果。同时，学生需要根据语境选择合适的沟通策略，理解和表达口头和书面话语的意义。

除了必要的知识和技能之外，高职英语教学还应培养学生的沟通态度和价值观。学生应该学会倾听与协商，尊重他人。这些素质有助于学生在职场中建立良好的人际关系，提高工作效率。

（二）培养综合文化素养和跨文化交际意识

高职英语教学在培养学生的语言知识和语言技能的同时，应注重培养学生的综合文化素养和跨文化交际意识。在全球化的背景下，学生需要掌握多元文化知识和跨文化沟通技能，这将对他们的职业生涯产生深远影响。

（1）高职英语教学应帮助学生获得多元文化知识。学生需要理解文化内涵，汲取文化精华，树立中华民族共同体意识和人类命运共同体意识，形成正确的世界观、人生观、价值观。

（2）高职英语教学应注重培养学生的跨文化交际意识。通过文化比较，学生可以加深对中华文化的理解，继承中华优秀文化，增强文化自信。学生需要坚持中国立场，用英语讲述中国故事、传播中华文化。这有助于学生更好地在国际舞台上展示自己，为国家和民族争取更多的利益和更高的声誉。

（3）高职英语教学应培养学生的跨文化沟通技能。学生需要掌握必要的跨文化知识，具备跨文化技能，秉持平等、包容、开放的态度，有效完成跨文化沟通任务。这不仅能帮助学生与不同文化背景的人进行有效沟通，而且能帮助学生更好地适应多元文化环境，提高工作效率和合作水平。

（三）培养学习兴趣和自主学习能力

培养学习兴趣和自主学习能力是高职英语教学的重要目标之一。学习兴趣是激发学生自主学习的关键因素。对高职学生而言，由于学习基础、学习经历和学习兴趣差异较大，如何培养他们的学习兴趣和自主学习能力尤为重要。学习兴趣的激发可以通过设计有趣的教学活动、讨论与英语学习相关的话题、运用信息技术手段等方式实现。在线互动课程、视频教学、虚拟现实等技术手段可以使英语学习变得更加有趣。

自主学习是学生长期发展的关键因素。通过培养自主学习能力，学生可以更好地掌握英语知识，更有效地提高英语水平。例如，学生可以通过查找资料、参加英语学习社团等方式，加强自主学习的能力。

（四）培养学习方法和学习策略

有效的学习方法和学习策略能提高学习效率，使学生更好地学习英语。高职英语教学应当重视培养学生的学习方法和学习策略。例如，学生可以采用 SQ3R（survey、question、read、recite、review，分别代表"浏览、发问、阅读、复述、复习"五个学习阶段）方法来提高阅读能力。此外，学生还可以运用词汇记忆法、词根词缀法、联想记忆法等提高词汇记忆的效率。

学习策略是学生在学习过程中采取的一系列有针对性的方法和技巧。通过制定学习策略，学生可以更好地理解和掌握英语知识，更有效地应对英语学习中的各种难题。例如，学生可以采取元认知策略、认知策略、社会互动策略等提高英语学习的效果。

（五）助力学生的未来发展

高职英语教学的最终目标是提高学生的就业竞争力，为他们未来的可持续发展打下必要的基础。高职英语教学应当关注学生的职业发展，培养学生的职业技能和素养。例如，学生可以通过面试模拟、商务英语培训、职业课程规划等方式，提高职业竞争力。此外，高职英语教学还应当关注学生的个人发展，培养学生的个人品质和素养。例如，学生可以通过参加志愿者活动、社团活动、学术研究等，提高自己的综合素质。这不仅有助于学生的职业发展，而且有助于学生的人生发展。

二、高职英语教学的教学特点

作为我国高等教育体系中的一个重要分支，高职英语教学有着自身的特点和要求。与普通高等院校的英语教学不同，它更加注重培养学生实际应用英语的能力，为学生的职业生涯提供更加切实的帮助和支持。

（一）高职英语教学强调职业特征

高职英语课程内容不仅面向传统的语言学习，而且面向学生未来的工作实际。通过高职英语学习，学生能更好地了解并适应未来的工作环境，提高职业素养。在教学过程中，教师应当模拟实际工作场景，这样学生在学习过程中就能体会到未来工作的真实性。在酒店行业中，员工需要与不同国家和地区的客户交流，因此高职英语课程应该特别强调酒店的常用术语和表达方式。教师可以设计一些模拟实际工作场景的练习活动，如接待外国客人、解决客户投诉等。通过模拟实际工作场景，学生不仅能够提高英语水平，而且能够提升职业素养，为将来的工作打下坚实的基础。

（二）高职英语教学注重应用能力的培养

相较于普通高等院校的英语教学，高职英语教学更加注重培养学生在工作岗位上运用英语的能力。这不仅包括基础的听说读写能力，而且包括更加实际的沟通、协调、谈判等交际能力。在国际贸易活动中，商务人员需要与外国客户、供应商和合作伙伴进行有效的沟通。因此，高职英语课程应当注重培养学生的商务英语沟通、协调和谈判能力。教师可以设置一些模拟商务谈判、合同签订、订单确认等场景的练习活动，让学生亲身体验商务环境中的英语交流。在教学过程中，教师可以引导学生模拟商务谈判的场景，学习商务英语中的常用词汇和表达方式，掌握商务谈判的基本流程和策略。通过这样的实际操作，学生可以更加深入地理解商务英语的应用场景，提高自己的商务英语水平。此外，高职英语教学还应该培养学生的跨文化交际能力。学生应当学会理解和尊重不同文化的价值观和习惯，有效地进行跨文化交流。

三、高职英语教学的教学要求

高职英语教学不仅帮助学生打好语言基础，而且注重培养学生实际应用语言的技能，特别是用英语处理相关业务的能力。随着时代的发展，各校根据不同专业的特点，以学生的职业需求和发展为依据，制定不同的教学要求，为学生提供多种学习选择，充分体现分类指导、因材施教的原则。

（一）发挥英语教学的育人功能

高职英语教学需要以道德教育为核心，发挥英语课程的育人功能。将课程内容和育人目标融合，从课程内容中提炼思政元素，通过合理的教学活动，培养学生的社会主义核心价值观、世界观和人生观。这样的教学不仅可以拓宽学生的国际视野，增强文化自信，而且可以培育学生的爱国情怀和民族自豪感。

（二）落实核心素养的培养与提升

高职英语教学需要重视学科核心素养的培养与提升。英语学科核心素养包括职场涉外沟通、多元文化交流、语言思维提升和自主学习完善四个方面。教师需要深入理解这四个方面的内涵和关联，将它们贯穿于教学全过程。这意味着教师应根据教学目标和内容，设计适合学生的教学活动，全方位提升学生的英语学科核心素养，促进学业目标的实现。

（三）强调职业特色，培养实践应用能力

高职英语教学需要关注职业特色和实际应用，职业教育的目标是帮助学生培养实际的职业技能。教师要根据高素质技术技能人才培养的需求，创设与行业相近的教学情景任务，设计与职场相关的语言教学活动。对于语言实践应用能力的培养，教师应利用多种语言活动，如角色扮演、商务会议模拟、商务电子邮件写作等，让学生体验语言规律，加深对职业理念、职业责任和职业使命的认识。通过这种方式，学生能够更好地适应职场的需求，提高自己的职业竞争力。此外，还要鼓励学生参与社区服务、实习、志愿者活动等实际应用场景，提高学生的实践应用能力。

（四）实现教与学方式的转变

在信息化时代背景下，英语教学需要改变教学思路，实现教与学方式的转变。教师应注重各类现代信息技术在英语教学中的应用，如媒体技术、网络技术、人工智能技术、大数据加护技术等。这不仅有助于提高教学效率和学生的学习效果，而且能帮助学生提升信息素养，适应未来的职场需求。例

如，教师可以利用慕课、微课、云教学等网络教学手段，将课堂从传统的教室转移到线上平台。通过使用翻转课堂、混合教学等教学方式，教师可以构建真实、开放、交互、合作的教学环境。此外，教师还应指导学生充分利用各种信息资源，通过自主学习、合作学习和探究学习提升信息素养。在这种教学模式下，学生不仅可以提高英语水平，而且可以提高自主学习能力、信息处理能力和创新能力。

（五）尊重个体差异，促进学生全面发展、个性化发展

学生是学习的主体。英语教学要以学生为主体，促进学生的全面发展。教师要根据学生的认知特点和能力水平组织教学活动，尊重生源差异和个体差异，满足学生的不同需求，构建适合学生个性化学习和自主学习的教学模式，鼓励学生开展自主学习、合作学习和探究学习，促进学生的全面发展和个性化发展。教师要重视学习方法和学习策略的指导，调动学生学习的积极性；组织丰富多彩的英语课外活动，营造良好的英语学习氛围；指导学生参加各类英语技能竞赛，使之成为英语教学的有机组成部分。

第三节　高职英语教学的发展优势

一、时代发展的大势所趋

随着高技能职业人才需求的不断增加，高等职业教育院校迅速发展壮大。目前，高等职业教育的主要目标是培训适应基层、服务和管理前线需求的高水平技术应用型专业人才。高等职业教育重点培养学生应对实际工作中技术问题的能力，如技术操作能力、技术创新能力、问题分析和解决能力等。与此同时，高等职业教育注重培养学生的职业素养和综合素质，如团队协作、沟通能力、职业道德、领导力等，这些素质在团队融入、个人竞争力提升等方面具有重要意义。

此外，社会还需要精通专业业务知识且具备较强英语能力的复合型人才。这些人才将有助于提升中国在国际市场的竞争力。因此，高职英语教学是高等职业教育不可或缺的一部分。大多数高等职业院校十分重视高职英语教学活动的开展，并在教学内容、教学目标、教学评价等方面进行了改革创新，这既是时代发展的需要，也是社会经济发展的需要。

二、国家政策的大力支持

2000 年实施的《高职高专教育英语课程教学基本要求（试行）》是在"三教统筹"（基础教育、职业教育和成人教育）的基础上制定的，这份文件的颁布表明高职英语教学有了第一部纲领性文件，从而结束了一直参照《普通高等专科英语课程教学基本要求》制订教学大纲的历史。此后十年，我国高等职业教育发展迅猛，高职英语教学现状已与从前大不相同。因此，教育部高等学校高职高专英语类专业教学指导委员会于 2010 年在《高等职业教育英语课程教学要求（试行）（讨论稿）》的基础上以《高等职业教育英语课程教学要求（征求意见稿）》的形式，再次向全国广泛征求意见，希望能制定出一部新的具有高职英语教学特点的指导性文件。

《国家中长期教育改革和发展规划纲要（2010—2020 年）》明确提出："到 2020 年，形成适应经济发展方式转变和产业结构调整要求、体现终身教育理念、中等和高等职业教育协调发展的现代职业教育体系，满足人民群众接受职业教育的需求，满足经济社会对高素质劳动者和技能型人才的需要。"2014 年颁发的《国务院关于加快发展现代职业教育的决定》和《现代职业教育体系建设规划（2014—2020 年）》，进一步强调了现代职业教育体系建设，阐述了高等职业教育在现代职业教育体系中的重要地位。国家出台了一系列举措，推动职业教育创新发展，推动中职高职衔接和现代职业教育体系建设，尤其是《高等职业教育创新发展行动计划（2015—2018 年）》的实施，有力地促进了中国特色现代高等职业教育的发展，给高等职业教育增添了更多的成分和色彩。

为了贯彻落实《国家职业教育改革实施方案》，进一步完善职业教育标准体系，指导高等职业教育专科公共基础课程改革和课程建设，提高人才培养质量，中华人民共和国教育部组织研制并印发了《高等职业教育专科英语课程标准（2021 年版）》。

三、教育理念的更新换代

随着教育理念的更新换代，高职英语教学发生了深刻变革。如今，高职英语教学不仅注重学生的主体性和全民教育理念，而且强调培养学生的综合素质、适应性和终身学习能力。重视学生个性化发展，鼓励学生积极参与社会公益活动，培养社会责任感。同时，高职英语教学逐步融入文化教育和终身教育的理念，鼓励学生继续学习和自我发展。教育理念的更新换代有助于培养学生的职业适应性和创新能力，使他们更好地应对职业变动和多样化的社会需求。

（一）从主体教育出发，开展教学

高职英语教学正在转向以学生为中心的教育方式，强调学生的主体性和个性化发展。与传统的技能教育模式不同，现代高职英语教学注重学生的全面发展和个性化发展。教师不仅传授知识，而且引导学生探索、思考和发挥创造性。通过课堂互动、小组讨论、自主学习等方式，鼓励学生发挥主动性、创造性和批判性思维。这样的教育方式不仅有助于培养学生的英语技能，而且有助于促进职业道德、创新精神和主体意识的培养。

（二）从全民教育出发，开展教学

高职英语教学的发展趋势体现在全民教育的理念上。高职英语教学不仅针对传统的学生群体，而且针对社会各个阶层、各个年龄段的群体，如在职人员、失业者等。这些群体可以通过高职英语教学获得技能培训培训，提高自身的竞争力和适应性。同时，高职英语教学注重培养学生的社会责任感，关注社会公益和社区发展。通过参与社区服务等方式，学生可以更好地理解和关注社会问题，增强社会责任感。

（三）从文化教育出发，开展教学

高职英语教学越来越重视文化教育的融入，将职业技能教育与文化教育相结合。这一理念突破了培养技能型人才的旧模式，强调培养学生的价值观、道德观和思维方式。在教学过程中，教师不仅注重技能知识的传授，而且注重职业道德和价值观的培养。学生不仅要学会专业技能，而且要学会与人和谐相处、无私奉献。这种教育理念有助于培养学生的综合素质，使其就业后热爱本职工作，服务大众，服务社会，为和谐社会的发展做出贡献。此外，这种理念文化还有助于培养学生的抗压能力，使其遇到就业、转岗等方面的困难时，保持积极心态。

（四）从终身教育出发，开展教学

高职英语教学强调终身教育理念。高等职业教育不仅培养学生从事特定职业的能力，而且培养他们适应专业流动和自我学习的能力。随着生产力的发展和社会的进步，人们的职业、岗位不断变动、更新。因此，高职英语教学注重培养学生的终身学习能力，鼓励学生在职业生涯中不断参加职业技术学习、接受继续教育或培训。这种教育理念有助于提高学生的职业适应性，使其能够更好地应对职业变动和更新，保持终身学习和自我发展的动力。

第四节　高职英语教学的专业设置

一、专业设置的概念

专业设置在高等教育领域中扮演着至关重要的角色。它可以被看作是高等教育机构对学生未来学业和职业路径的规划和导向，确保学校的教学活动与社会、经济和文化的需求保持同步。这一概念不仅涉及学科的分类和命名，而且反映社会对人才的期望。

从宏观层面看，专业设置是高等学校对学科领域的系统性规划。在现代社会中，各行各业都在经历快速的变革，新的职业和技能需求不断出现。因此，学校需要根据这些变化调整或更新专业设置，以确保学生受到的教育能满足现实世界的需求。从个体层面看，专业设置是学校对学生个体发展的承诺。每个专业都应该有一个明确的教学目标和计划，反映了学校对学生所获技能和知识的期望，不仅包括学术知识，而且包括实践能力、创新思维、批判性思维等，这些都是现代职场所需要的关键能力。

另外，专业设置反映了学校的人才培养理念。在教学计划中，学校需要明确其对学生的综合素质、职业能力和社会责任感的期望。学校不仅要培养具有专业能力的人才，而且要培养有良好品质和社会责任感的人才。

二、专业设置的特点

在高等职业教育中，英语专业设置的调整与创新是势在必行的。面对社会发展的多元需求和科技的快速进步，高职英语专业设置必须尽快适应这些变化。因此，高职英语专业设置的特点包括以下五个方面。

（一）针对性

当今社会，高职英语教学面临着前所未有的挑战与机遇。传统的教学模式与专业设置已经不能完全满足日益变化的社会和经济需求。因此，"针对性"成为高职英语专业设置的关键词。

高职英语教学的专业设置应与市场的实际需求保持一致。在传统的教育体系中，专业划分是基于学术体系或学科知识的。然而，在高职英语教学中，教学者需要更多地关注实际的职业和技术领域的变化。例如，随着某一技术的兴起，社会上出现了大量新的职业岗位，相关知识与技能的需求随之增加。高职英语教学的任务是确保学生能够获得新知识和技能，以便他们能够投身到新的职业领域中。

（二）适应性

高职英语教学需要具有足够的灵活性，能够迅速调整其专业设置，以适应外部环境的变化。当今时代变化快速，热门职业或技术随时可能被新的趋势所取代。因此，高职院校不能简单地复制或追随传统高等学校的专业目录，需要定期对外部环境进行深入的分析和研究，如了解各个行业的规模、发展方向、技术状况、人才需求等，并据此进行专业的设置或调整。当然，这种适应性的策略需要高职院校具备一定的资源和能力。

（三）融合性

在快速变革的时代，单一的知识结构已经不能满足各行业对人才的需求。这种需求变化反映在高职英语专业设置上。专业设置的融合性不仅体现在学科与学科之间的交叉与整合上，而且体现在理论知识与实践技能的深度融合上。例如，商务英语将语言学习与商务实践相结合，旨在培养学生在国际商务环境中的实际应用能力。同样，旅游英语使学生能够在旅游管理和服务中更好地使用英语进行交流与服务。跨学科的融合使得高职英语教学更加符合当前行业的实际需求，为学生提供更加广阔的职业前景。

（四）深度与广度的结合性

在现代教育格局中，高职英语专业设置面临着平衡专业深度与专业广度的挑战。专业设置不再按照传统的学术路线进行，而要在技能培训与理论知识之间找到平衡点。专业深度与专业广度的结合成为一种有效的解决策略。通过这样的结合，学生不仅能够在特定领域展现出卓越的专业能力，而且能够在多变的职业环境中显示出他们的广泛适应性和创新能力。

1. 专业深度

高职英语专业设置要体现深度。这意味着在某一特定的技术或应用领域内，学生能够获得深入、系统的学习与训练。例如，如果学生需要讨论国际贸易，那么学生应该深入学习与贸易相关的词汇、语法结构。这样的深度学习能够确保学生在特定领域内展现出他们的专业能力，满足行业的具体需求。

2. 专业广度

在高职英语专业设置中，专业广度意味着学生不仅要学习特定的技术，而且要学习跨领域的知识与技能。例如，酒店管理专业的学生除了需要掌握酒店业务的相关英语知识外,还需要了解旅游、文化、市场营销等相关领域的英语知识。这种广度的学习为学生提供了更为丰富的知识体系,使其在面对多变的职业环境时能够迅速适应。

三、专业设置的原则

(一)适应社会主义现代化建设的人才需求

社会主义现代化建设需要一批高素质、全面发展的人才,高职英语专业设置应与此相适应。在这样的背景下,英语教学不仅传授语言技能,而且致力于培养学生的综合素质,包括批判性思维、跨文化交际能力及团队协作能力。因此,高职英语专业建设应该更加注重实践应用、社会参与和国际化视野,以满足现代化建设对英语专业人才的多元化需求。例如,设置"应用英语""商务英语""科技英语"等专业,加强学生的实际应用能力。

(二)适应科学技术发展的趋势

科技的飞速发展已经深刻改变了人们的生活和工作方式。在这样的背景下,高职英语专业设置需要紧随科技发展的脚步,将现代技术融入教学中。例如,数字化教学、在线交互平台、虚拟现实等技术手段应被广泛运用于课堂。这些技术不仅可以提高教学效率,而且能够帮助学生更好地适应数字化时代的工作和生活环境。此外,科技的进步也意味着更多英语应用领域和工作岗位的出现,如英语客服、技术翻译等,高职院校应考虑开设相关专业,为学生提供更多的发展机会。

(三)符合人才培养的规律

高职英语专业设置应该遵循人才培养的内在规律,确保学生在学术和实践两个层面上得到均衡的发展。基础理论知识的学习是不可或缺的,它为学生提供了扎实的学科基础。同时,高等职业教育强调实践应用,确保学生既掌握理论知识,又具备实际应用能力。此外,学生的个性化发展也是人才培养的重要方面,高职英语教学应充分考虑学生的兴趣和特长,提供多样化的选修课程和活动，促进学生的全面和个性化发展。

四、专业设置的基本情况

在高等职业教育体系中，英语专业的设置并非一成不变或单一化的，而是根据不同行业和领域的需求呈现出多样性。商务英语专业和旅游英语专业都是高等职业教育中具体的、针对性强的专业方向。商务英语专业通常聚焦于商业交流、合同谈判、国际贸易等方面的语言和文化培训，目的是培养学生在国际商务活动中使用英语的能力。相对而言，旅游英语专业注重旅游业相关的英语交流，如旅游推广、游客接待、旅游文化交流等。

这样的专业设置不仅体现了高等职业教育对行业特定需求的重视，而且彰显了灵活性和实用性。这种多样性和针对性的专业设置方式有助于学生更准确地定位自己的职业路径，同时为各个行业输送更为专业和高质量的人才。

（一）商务英语专业

1. 商务英语专业定位

商务英语专业是一门高度应用化和跨学科的学科领域，具有广泛的实用性和针对性。它不仅是英语学科的一个分支，而且涵盖了复杂、多元的商业实践。在这个专业中，"商务"不仅代表经济交易或金融活动，而且包括企业战略、市场营销、供应链管理、人力资源等多个方面。因此，商务英语专业对学生提出了高标准的要求，包括专业英语能力、商业知识和实际操作技能。

由于商务活动的多样性和复杂性，单一的教学模式或课程设置显然不能满足不同行业、专业领域的需求。因此，商务英语专业应采取灵活多变、高度针对性的教学方案。根据学校的资源、区域经济特色和行业需求，商务英语专业可以设定不同的教学方向或专业模块。本书从五个角度对商务英语的专业设置进行详细论述。

（1）专业培养目标。商务英语专业致力于培育高度专业化、多才多艺的应用型人才，这些人才不仅具有坚实的英语应用能力，而且具备深厚的商业知识和商务实践经验。除了基础的语言技能之外，他们还需要具备高级的沟通和组织协调技巧，能够在全球化和多元文化环境中熟练地进行跨文化交流。他们需要在各种组织和机构中执行多样化的任务，如商务沟通、市场推广、项目管理、人力资源规划等。

（2）专业核心能力。商务英语专业强调商务沟通和谈判的技巧。团队协作和组织管理是这一专业的核心能力之一，目的是使学生能够在团队环境中展示领导才能，同时能够管理复杂的商务项目。此外，创新能力和问题解决能力也被视为核心能力，这要求学生能够在复杂和不确定的商务环境中，运用创新的方法找到有效的解决方案。

（3）专业核心课程。商务英语专业的核心课程包括：英语语言类课程（如高级英语、英语听力、英语口语、英语写作、英美文学等）；商务英语类课程（如商务英语阅读、商务英语写作、商务英语口语等）；经济贸易类课程（如国际贸易、国际营销、国际商务管理等）；跨文化交际类课程（如跨文化交际学、国际商务礼仪等）。

（4）主要实践环节。实践教学是商务英语专业培养方案的重要组成部分。它不仅包括课堂内的小组讨论、案例分析和商务模拟游戏，而且包括课堂外的各种实践活动，如实习、现场调研。通过这些多样化的实践环节，学生不仅能够将理论知识与实践相结合，而且能够培养团队合作和创新能力。

（5）就业面向。毕业生的就业领域非常广泛，如传统的外贸和跨国公司、新兴的创业公司等。在这些机构中，他们可能负责各种与商务有关的工作，包括市场营销、客户关系管理和业务拓展。多元的技能集和广泛的知识面使他们具有很高的职业灵活性和发展潜力。

2. 商务英语专业建设

（1）创新教育模式。要想在商务英语专业中实现高质量的教育，必须改革教育模式。应用型教育和项目式学习可以作为教学模式的一种创新。模拟商务场景，让学生参与项目的全过程，不仅能激发学生的自主学习意愿，而且能培养其解决实际问题的能力。教师的角色从单纯的"传道者"转变为"引导者"和"协助者"，教师更加关注个人差异和学习路径。

（2）优化课程内容。在商务英语专业中，单一的课程设置无法满足复杂多变的商务环境需求。因此，课程设置应该是多元化和综合化的。除了基础的英语语言课程之外，还应该设置经济学、管理学、市场营销、国际法等学科课程。这种跨学科的课程设置可以更全面地培养学生，使其更具竞争力。同时，实践性课程（如商业案例模拟、商务谈判模拟等）应占有一定比重，以强化学生的实际操作能力。

（3）精选教学资源。优质的教学资源是提升专业建设质量的另一个关键因素。在选择教材时，学校应兼顾教材的实用性、前瞻性和国际化。例如，引入国外优秀的商务英语教材，或者采用由行业专家和学术权威共同编写的教材。同时，利用在线资源和数字化工具，如商务英语 App、模拟软件等，丰富教学手段和内容。这不仅能够提高教学质量，而且能使学生接触到国际商务的最新动态，从而拓宽他们的视野，提高其全球竞争力。

（4）改革教学策略。商务英语专业教学不能只依赖传统的课堂讲授，而要采用多元化的教学策略。例如，"翻转课堂"模式可以被有效地应用在这一专业中。这种模式可以更好地将理论知识与实际应用相结合，提高学生的综合素质。此外，安排学生参与实际的商务项目，从而获得第一手行业经验。使用虚拟现实技术，让学生在更为真实的环境中学习和练习商务英语及相关技能。这种多元化的教学策略不仅增加了课程的吸引力，而且有助于学生更好地掌握商务英语。

（5）强化师资队伍素质。师资队伍是商务英语专业质量的关键因素。高等学校需要聘请具有丰富实践经验和高级学术资格的教师。教师不仅要有扎实的学科基础和教学经验，而且要具备丰富的实际商务经验。教师的继续教育和专业发展也非常重要。定期组织教师参与国内外学术交流、短期培训，更新知识和技能。同时，学校应当设立相应的激励政策，如奖金、晋升机会、学术研究资助等，以激发教师在教学和研究中持续追求卓越。

（二）旅游英语专业

1. 旅游英语专业定位

（1）专业培育方向。旅游英语专业旨在打造一批多才多艺、具有国际视野和高度适应能力的应用型人才。他们需要具备强大的项目管理和活动组织能力，以确保在多元文化环境下成功开展各类旅游活动。除了听、说、读、写、译技能外，他们还需要掌握全球旅游市场趋势、旅游产品开发、客户关系管理、危机应对等方面的专业知识。这样的培育方向不仅符合全球旅游业的快速发展，而且满足日趋多元和复杂的市场需求。

（2）关键职能与技能。旅游英语专业注重培养学生在各个方面都出色表现的能力。首先，语言能力是基础，这里所指的语言能力不仅是通用英语能力，还包括针对旅游行业特有场景的英语专业术语运用能力。其次，学生需要具备深厚的行业知识，包括旅游产品设计、风险评估、酒店和旅游资源管理等。与此同时，跨文化交流能力也很重要，学生需要学会在不同文化和社会背景中与人交往，解决问题。最后，面对旅游行业中常见的突发事件和挑战，学生需要随机应变。例如，在恶劣天气状况下，确保游客的安全。这些综合职能和技能的培养，使旅游英语专业人才更容易适应快速变化的全球旅游市场，从而在职业生涯中获得成功。

（3）专业核心课程。旅游英语的核心课程包括：英语语言基础课程（如基础英语、英语泛读、英语视听说、英语口语等）；旅游英语专业课程（如旅游英语、酒店英语、航空英语等）；旅游业务知识课程（如旅游资源与规划、旅游市场营销、酒店管理、景区管理等）；旅游政策与法规课程。

（4）综合实践教学。在旅游英语专业中，实践教学模块占据着重要的地位。除了传统的实地考察和酒店实习外，高校英语教学还需要注重综合性和多样性的实践环节。例如，实施"沉浸式"旅游文化体验，让学生了解目的地的文化和习俗；让学生参与实际的旅游项目管理和营销活动，在实践中理解市场动态和客户需求。开展实践性的研究项目，让学生在解决实际问题的过程中，运用和检验其专业知识和技能。此外，鼓励学生参与模拟的或实际的跨文化谈判，锻炼他们的应变能力和协调能力。这些丰富而多元的实践教学环节不仅加强了学生的职业技能，而且提高了他们的综合素质。

（5）多元化职业路径。随着全球化和数字化的加速，该专业的毕业生有机会在新兴的旅游科技公司、在线旅游平台、数据分析机构等领域发挥作用。他们可以参与大数据分析、用户体验设计、数字营销等更为复杂和多维度的工作。另外，考虑到环境保护和可持续发展的重要性，越来越多的旅游英语专业学生投身到可持续旅游和生态旅游相关的研究和实践中。在这些领域里，他们不仅可以运用专业英语知识，而且可以结合对环境和社会责任的深刻理解，为构建更加和谐和可持续的全球旅游生态系统做出贡献。此外，该专业的毕业生也可以选择继续深造，研究更为综合或高端的主题，如旅游政策分析、全球旅游趋势预测等，从而在学术和职业领域内达到更高的层次。

2.旅游英语专业建设

（1）强化实践教学，落实培养目标。强化实践教学和落实培养目标在旅游英语专业的构建中占有重要的地位。旅游业的全球化和多样化趋势要求从业者不仅具备扎实的语言基础，而且具备实际操作能力和全球视野。

教育机构和行业实体需要紧密合作，将实践教学和培养目标整合到旅游英语专业教学中。这种合作应该是全方位的，涉及课程设计、教材准备、实践环节。例如，学校可以与旅行社、航空公司、酒店等建立合作关系，学生有机会参与实际工作，不仅提升了实际操作能力，而且使他们在未来就业市场上具有更强的竞争力。此外，为了更好地落实实践教学，学校可以应用现代教学技术，如虚拟现实（virtual reality, VR）、增强现实（augmented reality, AR），为学生提供更接近实际工作环境的模拟体验，如虚拟导游、模拟酒店管理等，有助于他们更快地掌握专业技能和知识。对于培养目标的设定，除了语言技能和专业知识外，学校还注重危机管理、客户关系管理、可持续发展等方面的培养。旅游业往往受到自然灾害、政治稳定等各种不可预测因素的影响，危机应对能力对旅游专业人士来说非常重要。

另外，高等职业院校还可以邀请有丰富实践经验的教师和行业专家为学生授课，分享他们的实践经验，指导学生进行实践活动。在实践教学过程中，教师要时刻关注学生的需求和困惑，并给予及时的指导和反馈，帮助学生克服困难，提高实践能力。当然，高等职业院校还需要与涉外旅游企业建立紧密的合作关系，为学生提供实习和实践的机会，帮助学生在实际工作环境中提高英语应用能力和职业意识。

（2）培养学生的服务意识。旅游英语专业注重服务意识的培养。虽然专业知识和语言能力是基础，但是涉外旅游服务更注重游客的体验感。这需要从两个方面来进一步完善教育体系：一是情感智力，二是个人品质。

情感智力在涉外旅游中具有特殊的价值。旅游工作者需要与不同文化背景的游客进行有效的沟通，这不仅考验语言表达能力，而且考验同理心和情绪管理能力。因此，除了语言和专业课程外，学校还可以设置心理学基础、跨文化交流等课程，增强学生的自我认知能力，帮助他们更有效地理解和应对外国游客的需求和期望。

个人品质是衡量旅游从业者是否优秀的重要标准。旅游业是一个以人为本的行业，高品质的服务离不开工作者的个人修养。因此，学校应当在培养学生专业技能的同时，重视品德教育。例如，通过参与社会服务活动，学生可以更好地了解服务的重要性，同时也能锻炼在复杂环境中解决问题的能力。

（3）培养学生的创新能力。旅游服务业是一个不断变化的行业，要求从业者不仅精通外语和专业知识，而且具备高度的创新能力和应变能力。在此背景下，旅游英语专业的建设不仅应关注传统的教学模式，而且应着眼如何将创新思维融入课程和实践活动中。高职英语教学工作者可以从以下三个角度出发培养学生的创新能力。

强调实际问题解决能力。过度的理论教学可能使学生缺乏必要的应变能力和解决问题的实际技巧。教育者可以设计一系列与旅游业密切相关的模拟活动，如与不同文化背景的游客进行有效沟通、在特定时间内设计一条符合不同游客需求的旅行路线等。这些模拟活动能够让学生在安全、无压力的环境中练习技能。在这种"准现实"的环境中，学生更容易提出有针对性的解决方案，并在未来的职业生涯中灵活运用这些技巧。

注重跨学科教学。旅游业是一个综合性行业，既涉及人文科学，也涉及社会科学。因此，旅游英语教学需要培养学生跨学科分析和解决问题的能力。例如，设置文化人类学课程，让学生更好地理解不同文化背景人们的共性，从而准确把握游客的需求和期望；心理学课程可以让学生了解人们的心理需求和行为模式，从而更有效地进行服务；数据分析课程也很重要，数据驱动决策在旅游业中占据着重要地位。这些跨学科课程不仅能拓宽学生的知识面，而且能锻炼他们的创新思维和问题解决能力。

倡导"失败学"精神。在任何创新活动中，失败都是不可避免的。失败不应被看作是一种耻辱或终结，而应被看作是一种学习和成长的机会。通过成功和失败案例的深入分析和研究，学生不仅可以了解成功的要素和失败的原因，而且可以学到面对失败时如何自我调整。在这一过程中，教师的角色十分关键，不仅要给学生提供具体的案例和指导，而且要为学生营造鼓励尝试、不怕失败的教学环境，使学生更愿意挑战自我，尝试新事物，从而在不断的尝试和失败中，逐渐培养出创新和解决问题的能力。

（4）建设"双师型"教师队伍。在旅游英语专业的发展中，"双师型"教师角色是不可或缺的。这种教师队伍具备两方面的专长：一是英语教育，二是旅游业方面的实用知识和技能。这种多维能力不仅丰富了教学内容，而且为学生提供了更加深入的学习体验。

要想构建这样的"双师型"教师队伍，必须明确培训和发展的方向。通过综合培训，如行业研讨会、在职进修、实地考察，教师可以在英语教学和旅游服务方面达到专业水准。为了让教师更好地适应多元化的教学模式，高等职业院校可以与旅游业企业建立紧密的合作关系。这样的合作不仅能为教师提供更多的实践机会，而且能让他们直接了解行业的最新需求和发展趋势。这有助于教师在课堂上更有效地整合理论与实际，从而培养出更具实际操作能力和创新精神的学生。

教师的继续教育和职业发展是一个不能忽视的环节。除了定期的技能更新和知识补充外，教师还需要具备持续学习和自我更新的能力。这种能力不仅可以帮助教师适应行业的快速变化，而且可以让他们在教学过程中更加注重创新和实验，为学生提供多元化和高质量的教育体验。

（5）结合地方特色，开发校本教材。地方特色是高等职业院校旅游英语专业教材建设中不可忽视的资源。这些独具魅力的旅游资源不仅丰富了教学内容，而且在提高学生实践能力方面发挥着重要作用。例如，以地方旅游资源为基础的校本教材有助于深化教学内容和方法。通过集成地方文化、历史和地理信息，教材编写更贴近实际，学生在理解英语的同时，可以更好地了解和欣赏所在地的特色。这不仅增强了教材的吸引力，而且增强了学生的参与度。当教材反映地方特色和行业实际需求时，它就不再是单纯的书面教育，而是多维度的教学方案。

以地方特色为基础的校本教材有助于弥补教育资源的缺失。一方面，地方政府愿意支持和参与与当地直接相关的教育项目；另一方面，通过地方特色的深入研究，教材逐渐形成独特的教学风格和方法。动态更新是这种教材的另一个重要特性。旅游业是一个快速发展的行业，新的旅游产品和服务模式不断涌现。因此，教材需要具有一定的灵活性，以便适应行业的快速变化。这就要求教师和教材开发者持续关注旅游业的最新动态，并根据需要调整和更新教材内容。具有地方特色的校本教材应该吸收国外优秀教材的精华，以拓宽学生的国际视野，提高学生的职业素养。

第五节　高职英语教学的课程建设

一、高职英语教学课程建设的理念

作为培训各类专业人才的重要基础，高职英语教学旨在完成以就业为导向的根本任务，即培养学生面向实际工作岗位的基本技能。因此，高职英语教学课程应该树立以人为本、开展个性化教学，关注学生需求、创新教学方法的建设理念，即注重实践技能培养。与此同时，为了提高教学效率，早日实现教学目标，高职英语教学课程还应树立打破传统思维、创新教学模式的建设理念。

（一）以人为本、开展个性化教学

高职英语教学课程建设要遵循"以人为本、个性化教学"的理念，这一理念要求教学活动关注每一位学生的需求和特点，从而为学生提供个性化的教学支持。这种理念强调在进行教学目标、教学过程、评价体系等方面的设置时将学生置于核心位置。挖掘学生的潜能、关注学生的兴趣和特长，为他们提供个性化的学习路径，从而激发学生的学习热情和积极性。例如，对于英语基础较好的学生，教师可提供更高层次的拓展训练；对于基础较差的学生，教师需要给予更多的耐心和引导。在这个过程中，教师应关注学生的发展，见证学生的成长，鼓励他们积极参与教学活动，不断提高语言能力。

（二）关注学生需求、创新教学方法

高职英语教学课程建设的理念应立足于学生的实际需求。作为一种现代化的教育理念，高职英语教学应与学生的未来职业发展、社会环境紧密结合。在这个快速发展和日益全球化的时代，学生不再满足于简单的知识掌握，而是追求技能和实际应用能力的培养。为了达到这个目标，高职英语教学课程必须与时俱进，关注学生的英语应用技能。同时，高职英语教学课程应注重培养学生的批判性思维和解决问题的能力。

此外，为了更好地满足学生的需求，高职英语课程的教学方法也应该创新。传统的讲课和笔记方式不再适用于大部分学生。教师应当采用更具互动性和实践性的教学方式，如案例分析、角色扮演、商务谈判模拟等，使学生在实践中掌握到英语的实际应用。

（三）打破传统思维、创新教学模式

高职英语教学的转型与创新是为了更好地适应时代的变化、满足学生的实际需求。其中，"项目式"和"任务型"教学模式为教学方法带来了革命性的变化。这种转型不仅是对教学内容和教学方式的改进，更是对传统教育观

念的深度挑战和超越。在传统的教学模式中，教师为主导者，学生为被动接受者，"项目式"与"任务型"教学模式打破了这种旧模式，强调学生的主体性。这种教学方法使得学生不再是被动的知识接受者，而是积极的参与者和实践者。

"项目式"教学模式将实际工作项目整合到课堂中，使学生有机会亲自体验。这样的教学方式不仅可以让学生深入了解工作流程，而且可以锻炼他们的实践能力，从而更好地将英语学科知识与实际应用结合起来。"任务型"教学模式鼓励学生通过合作、探索和实践来完成各种任务，使学生在实际操作中不断积累经验、锻炼能力。这两种模式的引入不仅有助于提高学生的英语实际应用能力，而且能培养学生的多种软技能。

二、高职英语教学课程建设的方法

（一）课程目标建设

高职英语教学课程建设的核心是对学生全方位的能力进行塑造与培育。在构建课程目标时，教师应采用多维度、多层次的方法确保学生能够在未来的职场和生活中展现能力。

1.综合目标设定

在设定课程的综合目标时，教师需要确保英语学科与其他学科紧密结合，形成一个交叉的课程体系。例如，将英语与职业教育、文化教育和社会实践相结合，学生在学习语言的同时，能够了解相关的行业知识和文化背景。

2.能力目标设定

英语课程教学不应仅限于知识的传授。教师还要注重学生各方面思维和能力的培养，尤其是批判性思维、解决问题的能力和自主学习的能力。这些可以通过案例分析、小组讨论、项目实践等方法实现。

3.情感与态度目标设定

除了知识和能力之外，学生的情感态度和价值观培养也应是英语课程教学关注的重点。在英语课程教学中，教师应引入真实的社会事件和文化背景，培养学生对人与人之间的关系、社会和文化的理解和尊重。

课程目标的设定不是一成不变的。教师应定期收集学生和其他教学活动相关者的反馈，根据社会的发展和行业的需求，对课程目标进行调整。例如，教师可以与相关行业或企业定期交流，了解他们对员工的英语能力要求，以及哪些英语技能在职场上特别受欢迎。

（二）课程内容建设

1. 基础内容

在高职英语课程内容的构建过程中，基础内容的构建尤为重要，它既连接着学生的前期知识储备，也为后续的深入学习和应用奠定坚实的基石。基础内容不仅包括传统的语言知识，如词汇、语法等，而且涉及跨文化交流和理解方面的知识。对于英语基础薄弱的学生，教师要加强词汇和基本语法结构的内容构建，确保他们能够熟练掌握日常英语交流的基础要求。对于英语基础较好的学生，教师可以提供复杂的文本材料和交流场景，以提升他们的语言运用能力。除了语言知识外，高职英语课程内容的构建也应当注重文化知识的融入。例如，教授词汇时，教师可以介绍一些英语国家的日常习俗、节日文化、社交礼仪等，使学生在学习语言的同时，了解并理解其背后的文化内涵。

2. 重难点内容

在制定课程重难点内容时，教师需要有针对性地进行筛选和设计，确保课程内容与学生的职业需求、当代社会趋势及科技的迅速发展紧密相连。

（1）行业知识。对学生来说，他们所在的专业特点是决定其未来工作方向的关键因素。教师有责任和义务深入了解这些特点，以确保所教授的英语内容与学生的职业生涯方向相契合。例如，对于酒店管理专业的学生，教师可以引入与客户服务、酒店运营、房间预订等相关的专业词汇和短语；对于计算机科学专业的学生，教师可以强调与编程、软件开发、技术支持等相关的英语知识。

（2）语篇知识。在当今信息爆炸的时代，学生接触到的语篇形式多种多样，且复杂度不断增加。因此，高职英语课程语篇知识的建设尤为重要。语篇知识的建设需要从宏观和微观两个层面进行。从宏观上看，语篇知识包括不同的写作目的，如信息传达、情感表达、观点论述等，以及与这些目的相对应的不同体裁和篇章结构。从微观上看，语篇知识涵盖句子、句群、段落中使用的修辞、衔接与连贯手段。

不同的语篇类型具有不同的语言特点，叙事性的语篇更多地使用过去时和具体的时间状语，而议论性的语篇则频繁地使用逻辑连接词和评价性词汇。因此，为了让学生更好地理解和掌握这些语言特点，教师可以设计一系列与实际生活、职业场景相关的真实语篇材料，引导学生比较、分析和模仿。

（3）语用知识。在高职英语教学课程内容构建中，语用知识的重要性不容忽视，关乎学生在真实交际环境中的语言选择与反应。语用知识的构建应当注重实用性，并紧贴实际应用场景，如商务洽谈、学术研讨、日常沟通等。在每个情景中，学生应了解不同的目的、场合、话题、交际者的角色和关系是如何影响语言选择的。

（三）课程教法建设

在高职英语课程的建设过程中，融合创新的教学策略与方法对学生学习效果与参与度的提高至关重要。传统的教法已经不能满足现代教学的需求，英语课程方法需要转型，将教育的焦点从"教"移到"学"，从被动接受转移到主动参与。

教育不仅是知识的传授，而且是思维能力、实践技能和学习方法的培养。因此，教师要鼓励学生在学习过程中扮演主导角色，教师则从"中心"角色转向"辅导"角色，为学生提供学习的资源、方向和建议。这样的模式可以激发学生的自主性，让他们在探索和实践中找到学习的意义和乐趣。

利用现代技术手段，为学生提供丰富、真实的学习资源和环境。例如，学生可以在网络上搜索相关的英语材料，通过视频或音频了解不同文化的背景、习惯和风俗，这不仅能够提高他们的语言能力，而且能够拓展他们的国际视野。

实践与体验是培养学生综合能力的关键。通过引导学生参与各种任务型学习活动，如案例分析、角色扮演、小组讨论等，教师可以帮助学生将所学知识运用到实际情景中。同时，这样的教学方式也有助于培养学生的团队合作能力、沟通协调能力和批判性思维。

（四）课程评价建设

高职英语课程评价不只是一个简单的"打分"过程。在高职英语课程中，评价应当作为促进学生学习和成长的工具，因此，高职英语课程评价建设应当关注学生的学习进度。高职英语教师在评价学生时，不仅要指出学生的错误，而且要为他们提供建设性的反馈，帮助他们认识到自己的优势和潜能。这样的评价方式不仅可以增强学生的学习自信心，还可以激发他们的学习兴趣和动力。除此之外，高职英语课程评价还可以从以下三个角度出发开展建设。

（1）评价方式多元化。在传统的教学模式下，学生的学习效果主要通过笔试或口试来评估。然而，这种评价方式无法全面反映学生的语言应用能力，尤其是在高职英语教学中，学生不仅需要掌握语言知识，而且需要具备实际应用能力。因此，高职英语教学课程评价方法应当是多元化的。例如，项目作业可以检验学生的独立研究能力和解决实际问题的能力；团队合作评价不仅评估学生的语言表达能力，而且考查他们的团队协作和沟通能力；实际应用评价可以观察学生如何将所学英语知识应用到实际情景中；参与度评价关注学生在课堂活动中的参与度和积极性。多元化的评价方式既可以全面反映学生的英语综合能力，而且有助于培养他们的综合素质和应用能力。

（2）发挥教育技术的辅助功能。作为教育的一个重要分支，高职英语教学受益于技术进步，尤其是在评价体系的构建与实施过程中。例如，数字化评价工具的引入使得评价过程更加高效和准确。传统的纸笔测试可能存在客观性差、反馈滞后等问题，而数字化测验可以实现自动批改、数据分析和立即反馈，这意味着学生可以在短时间内了解自己的学习状况，发现自己的不足，并及时做出调整。这种实时的评价方式更加符合现代教育追求的个体化和精准化教学。

此外，教育技术还为教师提供了丰富的数据来源。通过在线测试、作业、互动等数据的深度挖掘和分析，教师可以更加深入地了解学生的学习风格、能力及进步轨迹，从而为每一位学生制定更加合适的教学策略。值得一提的是，随着虚拟现实和增强现实技术在教育中的应用，未来的高职英语评价体系有望进一步丰富和完善。学生可以体验各种英语应用场景，从而更加真实地展现英语应用能力，也为教师评价提供了更加直观的依据。

（3）开展持续性评估。传统的评估方式往往聚焦于期末或课程结束时的总结性评价，这种方式可能忽略学生在学习过程中的日常表现和进步。持续性评估，即过程性评估，更注重学习过程中的实时反馈和指导。具体而言，持续性评估具有以下三个方面的作用：一是使学生在学习过程中及时发现并纠正自己的问题。这样，他们有足够的时间和机会调整学习方法，更加深入地吸收和掌握知识。二是有助于培养学生的自主学习能力。当学生频繁接受反馈并根据反馈自我调整时，会逐渐建立起学习的自主性和责任感，从而更加主动地参与学习过程。三是提供了及时了解学生学习状况的机会。教师可以根据评估结果调整教学内容和方法，确保学生在接下来的学习中得到更好的支持。

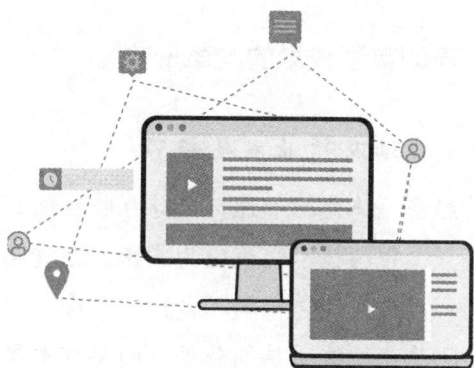

第三章

信息化手段与高职英语教学的关联性

第一节 高职英语教学的改革形势与改革要求

一、高职英语教学的改革形势

（一）市场及行业发展趋势

随着经济一体化的加速，全球互联互通成为不可逆的大趋势，这使得各国的经济、文化与技术交流更为紧密。在这样的背景下，语言能力，特别是英语能力，成为人们进行国际合作的关键，尤其是在很多高新技术产业和跨国企业中，英语技能不是加分项，而是基本要求。一些开展国际业务的国内企业更愿意雇用那些不仅具备专业技能，而且能与国际团队流利沟通的语言人才。

基于上述分析，除了传统的课程内容外，学校还需要增加与实际工作环境相结合的实用教学内容，如商务英语、技术英语等。对很多涉外专业的高职学生来说，个人的英语水平和应用能力已经成为影响其职业发展的关键因素。在许多行业中，英语能力不仅关乎一个人能否找到工作，而且影响其在职业生涯中的晋升速度和机会。那些能够流利运用英语的个体更可能获得与国际项目、海外派遣或高层管理相关的机会。也就是说，如果想拥有更多的发展机会，那么他们不仅需要掌握基础的语法和词汇，而且需要掌握实际的应用能力和跨文化沟通技巧。

因此，高职英语教学必须进行深度改革，确保学生不仅掌握英语知识，而且能够在实际工作中灵活运用这些知识，满足市场和行业对专业型技能人才的实际需求。

（二）高等职业教育改革背景

高等职业教育自诞生以来就引人瞩目，目前已成为我国教育体系中不容忽视的重要组成部分。作为一种独特的教育模式，其存在的目的就是培养直接融入社会、胜任专业岗位的实践型人才。近年来，高等职业院校学生的就业形势并不乐观，高等职业教育面临的挑战越发严峻。

社会和产业的发展日新月异，新的行业和职业层出不穷。这种快速变化的环境使得高等职业教育面临着与时俱进的压力。不平衡的人才供需关系凸显出高等职业教育在对接市场需求方面的盲点。一些专业可能过于热门，招生过多，不仅加大了学生的就业压力，而且使得企业难以找到合适的人才。

高等职业教育的内部结构和教学模式亟待优化。虽然高等职业教育具有自己的特点，但是其教学内容、教学方法及评价体系不能满足现代企业对人才的多元化和实践化需求。在科技飞速发展的今天，高职学生的知识体系、技能水平及综合素质的培养需要进行深度的反思和调整。对高等职业教育来说，高职学生的综合素质培养任重而道远。

因此，高等职业教育的改革迫在眉睫。政府需要提供政策支持，明确高等职业教育的地位和作用，加大对其的投入，推动其与产业界的深度合作；学校需要改变教学模式，增强与企业的合作，实现校企双赢；企业需要积极参与高等职业教育的过程，为学生提供更多的实践机会。

（三）高职英语教学挑战

1. 学生的英语基础薄弱

在进入高职院校前，很多学生的英语学习并没有达到预期标准，这意味着他们错过了在关键时期打下坚实英语基础的机会。这样的背景使得他们在高职阶段参加英语学习时，很难完全理解老师的讲解和提问，进而产生挫败感。

除此之外，对高职学生来说，更具挑战的是从公共英语学习到专业英语学习的过渡。与公共英语相比，专业英语更难理解和掌握。例如，专业术语的发音、拼写与基础英语大不相同，这导致学生在学习过程中感到十分困难。这种困境进一步削弱了学生的学习积极性，导致他们在课堂上变得沉默和被动，甚至放弃学习。

2. 教师和学生的重视程度不够

在高职英语教学中，教师和学生对英语，特别是专业英语的重视程度不够。有些教师可能认为，如果学生连基础英语都掌握得不好，那么在学习专业英语时肯定无法取得好成绩。这种观点无意中影响了教学方法和教学质量，使得教学过程缺乏激励和鼓励。

此外，从课程设置上看，专业英语的学时较少。这种设置可能导致学生觉得这门课程不是那么重要，学习英语只是为了获得学分，而不是真正提高自己的英语水平。这种态度不仅阻碍了学生的学习进度，而且使教师在教学中感到困惑和沮丧。

3. 教材的偏重

（1）教材过于偏重理论性。在当前的高职英语教学中，教材的选择已经成为一个值得深思的问题。许多教材过分强调系统性和逻辑性，这确实在一定程度上实现了教材应具备的严谨性，但它与高等职业教育的特点并不完全匹配。高等职业教育旨在为社会培养具备专业技能的人才，这需要教材具备一定的实用性和应用性。然而，如果教材只停留在理论阐述的层面，学生掌握了这些知识后，仍然会面临如何将其应用到实际工作中的难题。简而言之，过于理论化的教材可能导致学生学到的知识与日后的职业需求之间存在鸿沟。

（2）教材过于偏重实践应用。教材过分强调实践应用而忽视了基础知识的系统讲解。虽然实践是高等职业教育的一大特色，但是缺乏基础知识支持、过于注重实践的教材可能导致学生在具体操作时遇到困难。

高职英语教学的目标应该是为学生提供均衡的学习环境，学生既要有扎实的理论基础，又要具备实际的应用技能。目前，高职院校使用的教材似乎未能很好地达到这个标准，导致了教学质量的不稳定和学生学习动力减弱。因此，教育教学工作者需要重新审视教材的内容和结构，确保它们能够更好地满足高职学生的实际需求。这需要教育部门、教材编写者、教师和行业专家进行更多的合作和沟通，共同推动高职英语教材的完善和更新。

4. 教学模式"一刀切"

目前，很多高职院校英语教学模式只是模仿传统的高等教育或中等职业教育的英语教学模式，缺乏针对性。这种"一刀切"的教学模式，使得教育内容和教学方法与学生的实际需求、企业的职业要求之间存在鸿沟。在这种教学模式下，英语课程往往过于理论化，缺乏实践和应用，与高等职业教育的宗旨——培养实用技能和应用知识的人才不相符。显而易见，这样的教育模式既无法满足社会和企业对英语人才的需求，也不能帮助学生真正掌握和应用英语知识。

二、高职英语教学的改革要求

在当今社会背景下，高职高专院校的角色定位与普通高等院校有着根本区别，高职高专院校注重培养与市场和实际工作贴近的技术应用型人才。这种独特的定位要求高职英语教学进行深入的改革。

（一）树立现代化的教学理念

在当代教育蓬勃发展的背景下，高职英语教学的改革需求十分迫切。现代化的教学理念不仅要反映现实社会对英语能力的需求变化，而且要确保教学方法、教学内容与现代教育的趋势保持同步。在这种理念的指导下，英语教学不再是简单的学科教学，而是培养学生实际应用能力的教学。

与传统的教学理念相比，现代化的教学理念强调师生互动和学生参与。这需要教育者寻找新的教学资源，如数字工具、在线内容，支持和丰富课堂教学。为了确保这些资源真正发挥作用，教师需要探索如何将它们与教学内容有效地结合。

（二）创新多样化的教学模式

为了应对日益多样化的行业需求、培养学生应对现实挑战的能力，高职英语教学必须走出传统的教学模式，走向更为开放和创新的维度。在信息化时代，高职英语教学可以利用现代信息技术，为学生提供更为个性化和自主的学习体验，为他们创造充满挑战和机遇的学习环境。例如，借助虚拟现实技术创造仿真的职业工作场景，这不仅可以使学生沉浸于真实的工作环境中，而且可以提高他们的工作适应能力。

为了确保学生真正掌握所学知识，教育者必须采用灵活的教学模式，注重与学生之间的互动，鼓励他们协作学习。这不仅可以确保教育内容更加贴近学生的实际需求，而且可以充分调动学生的学习积极性，使他们主动参与学习过程。此外，为了确保学生真正将所学知识应用到实践中，高职英语教学还应该重视培养学生的学习方法和策略，正确的学习方法和策略能增强学生学习英语的信心。

（三）坚持以人为本的教学原则

在当代教育背景下，高职英语教学应坚持以人为本的教学原则，确保学生的全面成长和发展。这意味着教师不仅要为学生提供专业的英语知识，而且要关注他们的情感、社会责任感和学术态度，以确保他们能够在现实世界中自信地使用英语。因此，教师在教学过程中应注重学生的实际需求和感受，确保他们在学习过程中充分参与和互动，从而实现真正的人本主义教育。教师真正认识到学生的内在价值和潜能，并以此为基础来进行教学，才能使高职英语教学能真正达到预期的目标，为学生的未来打下坚实的基础。

在高职英语教学中，坚持以人为本的教学原则要求教师承认学生的差异性，并在此基础上深入探索每个学生的学习风格，了解他们的个性特征，为他们量身制定学习方法。在高职英语教学活动中，坚持以人为本的教学原则不仅要求教师发现学生学习风格或偏好的不同，而且要求教师认识到每个学生的才能和兴趣点。例如，有些学生可能擅长口头交流，而有些学生可能偏向文字表达。这就要求教师随时调整教学策略，确保每个学生都能在擅长的领域里得到充分的发挥和锻炼。同时，为了确保每个学生都能够得到充分的学习机会，教师应该与学生建立坦诚、互信的关系。与学生之间的深度沟通和交流不仅可以帮助教师更好地理解学生的需求，而且可以促使学生更加主动地参与学习过程。

第二节　信息化手段助力高职英语教学的内涵

一、信息化手段助力人才培养

在数字时代，信息化手段给高职英语教学带来了深刻的变革。信息化手段在人才培养方面展现了一定的助力潜力。

（一）中高职贯通人才培养模式

借助互联网的力量，中高职贯通人才培养模式正在得到广泛的应用。这种模式主张为初级技术应用阶段的学生提供晋升的机会。这一过程常受到地域、资源和时间的限制，然而，互联网构建了一座中高职人才培养的数字立交桥，在招生、专业课程选择、资源共享方面打破了原有的壁垒。

（二）"3+N"人才培养模式

基于互联网的"3+N"人才培养模式给英语教学带来了新的启示。这一模式鼓励学生不仅可以在校内学习，而且可以到企业进行实习，甚至在毕业后得到终身学习的支持。对英语学习来说，这意味着学生可以随时接触真实的外语环境，如与外国合作伙伴展开商务交流、参加国际项目等，这对学生实际应用能力和跨文化交流能力的提高具有积极作用。

二、信息化手段助力教学与培训

随着信息技术的飞速发展，高职英语教学逐步摆脱了传统的传递模式，探索出一种更加开放、互动和深度的学习路径。信息化手段在这一转型过程中起到了推动作用，助力了教学活动的开展，使之更加多元化、实际化和高效化。

（一）创新教学环境

互联网、大数据和人工智能技术的引入为高职英语教学创造了虚实融合的教学环境。在新的教学环境中，教师可以轻松实现与学生的多元互动，将授课内容更好地与实际工作、项目或真实情景结合起来。这种基于工作过程的项目式教学、情景式教学和案例教学，让学生在真实或模拟的工作环境中进行学习，体验和理解语言在实际中的应用，从而大大提高教学的实际效果。

（二）创新教学模式

信息化时代给高职英语教学带来了前所未有的机会，尤其是在教学模式的创新方面。传统的英语教学模式常常受限于课堂时间和地点，以及固定的教学方法。在信息化背景下，教师开始探索和实践多种信息技术结合的创新教学模式。其中，以工作过程为导向的信息化教学模式正是这种创新。这种模式不仅教授学生理论知识，而且追求理论与实际操作的完美结合。在这种模式中，教师利用数字技术设计出逼真的工作场景，学生在这些场景中进行实践，从而更好地掌握所学知识和技能。例如，在学习商务英语的过程中，教师可以设计一个模拟的外贸谈判场景，让学生在虚拟的网络环境中与模拟的合作伙伴进行英语沟通，解决真实的商务问题。这种方法不仅能加深学生的学习体验，而且能使他们更好地理解和掌握企业和行业真正需要的"工作知识"。

三、信息化手段助力教研与科研

信息化手段深刻地影响和改变着高职英语教学的教研、科研活动。一方面，高职院校的教研、科研信息系统已经成为高职英语教师开展教研、科研活动的关键部分。这一系统不仅可以整合各类与教研、科研相关的数据，为教师提供统一的研究平台，而且可以优化资源调度，使得教研和科研活动更为高效和精准。通过这样的平台，教师可以方便地获取所需的学术资料，跟踪研究进度，并及时与同行交流，分享最新的研究成果。在这样的环境中，教师不再受地理位置的限制，可以与全球的同行进行深入的合作和交流。这不仅提高了教研效率，而且丰富了研究的深度和广度。同时，这种开放性的协同研究模式促进了科研组织结构的变革，使其更加灵活、开放和包容。学校的管理部门利用该系统进行数据分析，为教研工作提供有力的决策支持。另一方面，信息化手段能够助力英语教师开展词汇、语法、听力、口语等方面的研究。例如，通过大数据分析，教师可以更准确地了解学生的学习难点，从而设计出更合适的教学策略；通过语音识别和人工智能技术，教师可以研发出更高效的口语训练工具，为学生提供个性化的学习体验。

四、信息化手段助力教学管理与评价

（一）信息化手段助力教学管理

信息化手段为高职英语教学提供了高效且透明的管理流程。从专业的设立、人才培养方案的规划到学生的学籍管理、教材的选择和考试成绩的归档，每一个环节都能通过数字化系统得到精准的记录和管理。这不仅简化了日常的管理工作，而且能确保数据的完整性和准确性。例如，在日常测验中，信息化手段可以实时收集学生的参与数据和成绩，从而为教师提供更为精确的反馈，帮助他们更好地调整教学策略。

针对不同类型的学生，信息化教学管理服务能够提供更为精细化的管理方案。例如，对于半工半读的学生，教师可以利用信息化平台为其提供更为灵活的在线学习资源和时段，以适应其特殊的学习节奏和时间。对于国际学生，教师可以通过信息化平台提供跨文化交流的机会，使他们更好地融入学习环境。

（二）信息化手段助力教学评价

信息化手段为高职英语教学的评价构建了数据库和分析平台，覆盖了教学的整个过程，这种全景视角使得教育者可以对培养目标、课程资源、教学运行、校企合作等多方面进行实时监控和评价。例如，当学生表现普遍不好时，系统可以立即向教师提供反馈，帮助他们识别问题并及时调整教学策略。

依托网络教学平台和教育评价系统，教学评价方式正在经历深刻的变革。

过去，评价往往集中在期末。现在，随着信息化的辅助，教师可以进行持续的、实时的评估，更为准确地捕捉学生的学习进度和需求。学生也可以随时获得他们的学习反馈，从而更好地自我调整和提高。此外，这种即时反馈机制也为听、说、读、写等多方面能力的评估提供了更为精准的依据。

第三节　信息化手段助力高职英语教学的意义

在高职英语教学中，信息化手段已逐渐融入教育的各个环节，成为现代教学不可或缺的组成部分。从初级的多媒体教室、网络教学平台，到高级的虚拟现实技术和智能学习分析工具，各种信息化技术都在为高职英语教学提供强大支持。在这种背景下，教师可以轻松地为学生展示真实的英语应用场景，如商务谈判等，使得学习内容更加贴近实际，更具吸引力。同时，学生可以在不受时间和地点限制的情况下自主学习和实践。具体而言，信息化手段助力高职英语教学的意义包括以下几点（如图 3-1 所示）。

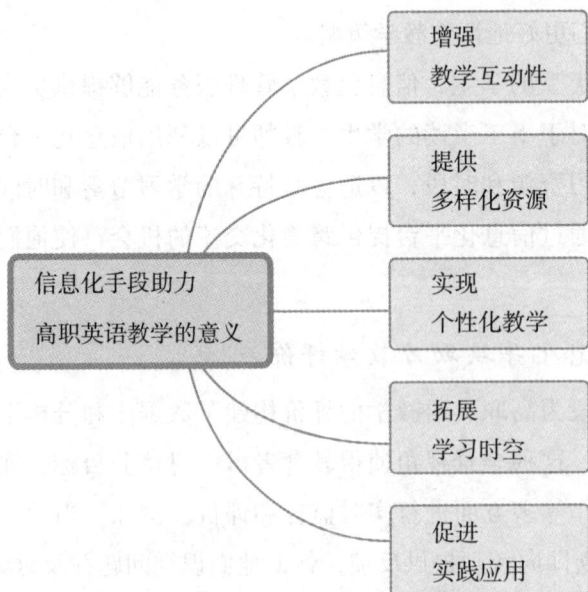

图 3-1　信息化手段助力高职英语教学的意义

一、增强教学互动性

在传统的高职英语教学中，教师居于核心地位，而学生往往被视为等待接受知识的被动方。在这种教学模式下，学生缺乏主观能动性，学习过程是机械的、乏味的。随着现代信息技术的引入，高职英语教学正在发生深刻的变革。一方面，在线互动平台为师生提供了一个跨越时空的沟通桥梁。例如，通过在线讨论板或聊天工具，学生可以随时提问，教师可以及时给予回答。这种方式不仅打破了课堂的时间和空间限制，而且使得学生在遇到疑惑时可以立即得到解答，增强了学习的连续性和深度。另一方面，讨论区的设置鼓励学生相互协作和交流。学生可以在讨论区分享学习心得、讨论难题或进行小组合作，形成一个学习共同体。例如，针对某个语言实践任务，学生可以分组在讨论区内展开头脑风暴，互相给予建议和反馈，这样不仅可以锻炼英语应用能力，而且能培养团队合作精神。

二、提供多样化资源

信息化手段为高职英语教学提供了更为广泛和深入的资源，不仅使英语学习更加真实、活泼，而且使学生沉浸在语言和文化的海洋中，更加深入地掌握英语知识。

（一）语言知识

传统的英语教材往往受限于篇幅和内容选择，只能为学生提供有限的语言知识，而互联网为学生提供了大量真实的英语语言知识。例如，学生可以通过在线新闻、播客等渠道接触各种风格和场景下的英语知识，从正式的商务谈判到日常的街头对话，从学术讲座到流行歌词，可以大大提高英语知识储备量，有助于其更好地理解和表达英语。

（二）文化知识

在信息化时代，网络平台为学生提供了了解英语文化的独特机会。对学生来说，真正的语言能力不仅体现在词汇和语法的掌握上，而且体现在文化和情感的理解和感知上。通过在线观看英美电视剧、电影，学生可以更深入地了解西方的节日传统、社交礼仪、生活习惯等，从而更好地把握语言中的文化知识。

（三）热点知识

在高职英语教学中，信息化手段为学生提供热点知识，信息化手段赋予学生自主选择学习内容的能力。学生可以根据自己的兴趣和需求选择学习材料，这种自主选择让他们更加积极地参与学习过程。例如，对国际新闻感兴趣的学生可以选择学习英国广播公司或美国有线电视新闻网的实时新闻报道；对音乐和文化感兴趣的学生可以选择学习流行歌词或者观看英语原版的电影。这种方式使英语学习更具针对性和实时性。

三、实现个性化教学

随着现代信息技术的进步，教育领域开始转型。传统的高职英语教学模式，限于固定的课堂环境与统一的教学方法，常常不能充分满足不同学生的学习需求。在这种背景下，现代信息技术给高职英语教学带来了革命性的变革，尤其是在个性化教学方面。

一方面，信息化手段为高职英语教学提供了可塑性很强的教学环境。不同于传统的固定教材和单一教学方法，数字化资源允许教师根据学生的水平和兴趣调整和筛选教学材料，如通过智能化平台为学生推荐合适的阅读材料或听力练习。另一方面，信息化手段为学生提供了多样的学习方法。由于每个学生的学习风格和个性特征不同，偏好的学习方法也呈现出较大的差异性。例如，有的学生属于视觉学习者，喜欢通过观看视频讲解展开学习；有的学生属于听觉学习者，喜欢通过听力训练或互动式交流展开学习。现代信息技术可以为学生提供喜欢的学习方法，帮助他们更高效地吸收知识。

四、拓展学习时空

"拓展学习时空"是现代高等教育的一种新趋势。信息化手段包括各种在线教育平台和教育软件，正在逐步改变学生的学习习惯和学习方式。学生不再局限于教室内的学习，可以通过移动设备随时随地进行学习。这种学习方式的优势是显而易见的。假设某位学生需要为即将到来的英语口语考试做准备，但学校课程安排很紧，难以找到合适的时间进行额外的练习。在这种情况下，他就可以下载一个口语练习软件，在课外打开软件，根据软件上的提示进行反复练习。这种方式不仅提高了学习效率，而且能够让学生在真实的环境中应用所学的知识，增强学习自信心，最终帮助学生取得较好的学习效果。

五、促进实践应用

高职英语教学的目的是培养学生的语言技能，而信息化手段为此提供了强大的支持。传统的教学方法可能只涉及文本中的商务对话或材料阅读。然而，利用现代信息技术和设备，学生可以接触真实的商务谈判、电话会议或在线商务会议的场景。例如，利用虚拟教学系统，教师可以为学生提供模拟的商务会议环境，然后要求学生运用所学的商务英语知识和技能进行商务谈判或产品介绍。这种模拟商务环境可以帮助学生体验真实的商务场景，更好地应用所学知识。

在旅游英语教学中，学生不仅要掌握相关的词汇和句型，而且要在实际的旅游场景中与外国游客进行流畅的交流。学生可以利用虚拟现实技术进行模拟旅游指导，或者通过在线交流平台与外国网友进行角色扮演，模拟导游与游客的交流对话。这种互动式的学习方法不仅增加了学习的趣味性，而且提高了学生的实践应用能力。

信息化手段为学生提供了更为真实、互动的学习环境，使他们能够更好地将所学的英语知识与实际应用相结合，进而迅速有效地提高工作能力和英语实力。在未来的职业生涯中，这种实践应用能力将转化为学生强大的职业竞争力。

第四节 信息化手段助力高职英语教学的目标

随着时代的发展，教育的目标发生了变化，现代教育不仅关注学生的文化水平和学术表现，而且关注他们在现实生活中的生存和发展需求。教师不再是单纯的传授者，而是学生的引领者和激励者。在这个背景下，信息技术手段在高职英语教学中的应用显得尤为重要。这一应用的主要目标是促进高职英语教学活动的开展，尽早实现高职英语教学的目标。

一、帮助学生理解英语教学

当今社会，高职英语教学和信息技术的结合不仅是一种趋势，而且是教育逐步适应现代社会需求的必然选择。信息化手段助力高职英语教学的首要目标是使学生充分认识到英语学习的重要性，弄清楚英语学习的真正意图及其对个人未来发展的益处。语言学习涉及两个方面：第一，理解和掌握语言本身；第二，理解与语言相关的文化、历史和其他相关知识。

在这个数字化的时代，现代信息技术为学生提供了宝贵的平台，他们可以通过这个平台了解国际上的发展和变化。经济全球化和文化多元化的持续推进意味着我国与外界的交流变得越来越频繁，这就要求高职英语专业的学生不仅要掌握英语知识，而且要具备相关的英语应用能力。英语不仅是一种语言工具，而且是一个让学生更好地参与社会发展和国际交流的桥梁。

在开展高职英语教学的过程中，教师应该意识到，英语教学不只是简单的知识传授和技能培训的过程，还涉及学生认知能力的构建和学习信心的建立。高职英语教学不仅能够提高学生的认知水平和学习能力，而且能够帮助学生掌握正确的学习方法，从而不断提高他们的语言能力和交际能力，使他们能够更好地在实际工作环境中运用语言知识。

二、提高学生的积极性和主动性

在当代的高职英语教学环境中，信息技术的应用已经变得不可或缺，尤其是在培养学生学习的积极性与主动性方面。

信息技术为学生创造了丰富多彩的学习环境。传统的教学方式主要依赖纸质教材和口头授课，信息技术给英语教学带来了革命性的变化。在高职英语课堂上，教师可以使用数字化的教材，如互动电子书，其中包含动态图像、音频示例和视频片段，帮助学生更好地理解教材内容。当学生学习商务对话的单元时，他们不仅可以阅读对话文本，而且可以听到真实的语音、看到角色互动画面，这种多媒体的结合使得学习内容变得更加生动有趣，不仅激发了学生的兴趣和好奇心，而且鼓励他们主动进行深入研究和探索。

信息技术允许学生根据自己的进度进行学习。在传统的教学环境中，所有学生都按照相同的速度和方法学习。现在，借助在线平台和应用程序，高职英语学生可以根据自己的需要调整学习速度。例如，当学习某个特定的语法点时，学生可以在线查找讲解视频或者参与对话练习。这些资源使学生能够多次复习难以理解的概念，直到完全掌握。如果觉得某个话题相对简单，学生可以选择在线测试，并在成绩合格后进入更高级的学习阶段。这种自适应的学习方法确保了每位学生都能在自己的节奏下获得最佳的学习效果。

三、提高师生的信息技术职业素养

在信息化时代，信息技术与高等教育的融合已成为教育发展的趋势。在高职英语教学中这一趋势显得尤为突出。信息化手段为高职英语教学提供了革命性的教学方法和模式创新。

在高职英语教学中，教师需要利用多媒体技术、网络技术等现代信息技术设计课程、组织教学和评估学生，这要求教师具备较高的信息技术职业素养。信息技术允许教师在课程中整合视频、动画、音频等内容，它不仅赋予课程内容更强的生动性，而且助力学生更加深入地掌握和理解复杂概念。在高职英语教学中，教师可能需要教授商务英语中的专业术语。在教授"国际贸易"这一主题时，教师可以使用多媒体教学课件，展示模拟的国际贸易流程。展示结束后，教师可以播放一段真实的供应商和买家之间的英语对话音频，以帮助学生了解商务环境中的术语表达。此外，配套的图表和图形可以更直观地解释复杂的贸易数据和统计信息。通过这种方式，学生不仅学到了商务英语的专业知识，而且得到真实、生动的商务流程体验，大大增强了对知识的理解和记忆，同时为真实商务环境中的英语应用打下了坚实的基础。

在学习过程中，学生需要掌握一系列的信息技术工具和方法，以便更好地参与课堂互动、自主学习和跨文化交流。例如，通过使用在线词典和翻译工具，学生可以更快速、准确地理解和使用英语；通过参与在线英语学习社群和讨论组，学生可以与不同文化背景的人们交流。这些技能不仅对学生的英语学习有益，而且对他们未来的职业生涯有着深远的影响。

信息技术职业素养不仅是技术操作能力的简单积累，而且是思维方式和工作习惯的培养。在高职英语教学中，教师和学生都需要学会如何批判性地评价信息，如何有效地组织和管理信息，以及如何利用信息进行创新和解决实际问题。这不仅有助于提高学生的英语学习效果，而且有助于培养学生的终身学习能力和适应未来社会的能力。

四、提高教学质量

（一）融合知识教学与能力培养

信息化手段是一个全方位的培训工具，目的是使学生掌握所学知识。通过使用信息技术，学生以科学和严谨的态度参与实践，这对英语交际能力的培养至关重要。例如，通过使用语言实验室或在线交流平台，学生可以在真实的环境中模拟英语对话，不仅可以增强口语能力，而且可以提高交际能力。

（二）统一个性化学习与协作学习

信息技术提供了多样化的学习环境，让每位学生都能找到适合自己的学习方法和工具。在这样的环境中，学生可以按照自己的步伐和兴趣进行学习，这是个性化学习的体现。与此同时，教师应引导学生利用互联网的优质交流平台进行团队合作。例如，通过使用在线协作工具，学生可以一起完成项目，分享资源，互相评估。这样的方法鼓励学生交流、合作，促使他们从多个视角了解问题，最终找到解决问题的方案。

（三）建设高质量教学资源库

没有高质量的教学资源，学生的学习将缺乏方向和深度。在高职英语教学中，教师需要充分利用网络上的资源，如视频、文章、音频等，为学生提供丰富的学习材料。同时，教师之间的相互交流也非常重要，他们可以分享自己制作的多媒体教学素材。例如，通过使用开放课程资源，教师可以为学生提供真实的新闻报道、纪录片，使学生在学习语言的同时了解更多的文化和社会背景。

五、提升校园文化生活品质

在高职英语教学中，信息化手段不仅可以提高教学质量，而且可以提升校园文化生活品质。

（一）利用数字化资源创造多元化的学习环境

通过使用数字资源，如电子图书、在线视频和音频，学生可以更加深入地了解和体验不同文化的特点和魅力。例如，学校可以建立一个在线文化资源中心，提供与英语相关的音乐、影视、文学作品等，使学生能够随时随地体验英语文化，从而提高对英语学习的兴趣和热情。

（二）利用社交媒体促进跨文化交流

社交媒体为学生提供了与世界各地的人们交流的机会。通过与不同文化背景的人们在线交流，学生可以了解和欣赏其他文化的特点和价值。例如，学校可以组织在线文化交流活动，邀请外国学生与本地学生在线交流，分享彼此的文化经验和故事。

（三）利用虚拟现实技术进行文化体验

虚拟现实技术为学生提供了文化体验的机会。戴上 VR 眼镜，学生可以体验不同国家的风景、文化和生活方式，从而增强对英语文化的了解和感受。例如，学校可以设置一个 VR 体验室，提供各种与英语国家相关的 VR 内容。

（四）利用数字化技术组织校园文化活动

学校可以使用数字化技术来组织各种校园文化活动，如文化展览、音乐会、戏剧表演等。这些活动不仅可以提高学生的英语水平，而且可以增强他们对英语文化的了解和认同。例如，学校可以利用数字屏幕在校园各处展示与英语文化相关的图片和视频，或者组织在线英语歌曲比赛，鼓励学生参与和创作。

第五节　信息化手段助力高职英语教学的方法

高职院校应利用多媒体技术、网络技术等现代信息技术，辅助高职英语教学中的演示工作、教学资源搜集工作、师生交流工作和个别辅导工作。

一、辅助演示教学

利用信息技术辅助演示教学是信息化手段助力高职英语教学的初级阶段。英语教师可以便捷地从多媒体素材库或教学软件中提取素材作为演示内容或自行创建演示内容。这样的教学方法能够为学生营造更加生动和愉悦的学习氛围。相较于传统的教学工具（如粉笔、黑板），多媒体教学演示工具能刺激学生的感官，突破传统教学的局限性。

（一）丰富的色彩和视觉效果

电子设备具备展示高分辨率、高动态范围内容的能力。这种多彩的视觉表达方式不仅能够增加学生对信息的认知深度，而且可以刺激学生的视觉感官，增强他们对教学内容的情感投入。相较于单色的粉笔和黑板，电子显示技术更能抓住学生的眼球，提高教学效率。

（二）全方位、多维度展示

英语教师能够通过视频、动画、互动图表等多种方式进行演示教学，使得教学更为立体和多维度。这种综合性的演示方式更容易适应不同学生的学习风格和需求，同时为教师提供了更多自由度，以解释复杂或抽象的概念。

（三）即时更新和修改

传统的板书一旦写下，就不便大幅度修改。利用信息技术，教师可以灵活地调整教学内容，以适应课堂的变化。例如，当某个知识点有难度时，教师可以即刻引入其他资源或示例进行补充、解释。此外，电子资料可以长期保存和多次利用，以便教师在未来的教学中对其进行优化。

（四）环境友好

从环境保护的角度来看，信息技术辅助的演示教学减少了教师对纸张和粉笔的依赖，降低了自然资源的消耗，同时减少了粉笔灰对教室空气质量和师生健康的影响。通过创建更清洁、更健康的教学环境，信息技术不仅有利于学生的身体健康，而且能提高他们的学习效率。

二、辅助搜集资源

在高职英语教学中，利用信息技术辅助搜集各类教学资源可视为一个更高级和更复杂的阶段。这不仅有助于教师用更丰富的线上资源填充教学内容，而且能使学生更广泛地接触与英语文化相关的多样资源。也就是说，通过使用信息技术，教师能够获取和组织各种不同类型的教学材料，以增加课堂内容的丰富性，并为学生的英语学习和应用奠定基础。

（一）专业课资源

在信息化环境下，各类信息技术平台已成为高职英语教学中不可或缺的专业课资源搜集工具。它不仅使教师更有效地教学，而且为学生提供了广泛的自学途径和平台。

1. 搜索引擎和在线教育平台

通过搜索引擎，如谷歌、百度，用户只需要简单输入几个关键字，便可以瞬间接触到丰富的高职英语学习资源，其中不乏专业课程、互动练习和高质量教学视频。这种快捷性和丰富性打破了传统教材的局限性，使得教师可以根据实际需求即时调整教学内容。

与此同时，在线教育平台进一步扩展了资源获取的便捷性，提供了针对不同高职英语专业（如商务英语、旅游英语等）的特定课程。这些课程常由领域内的专家或者资深教师主讲，互动性强，非常适合自主学习或作为课堂教学的补充材料。

2. 社交媒体和专家博客

社交媒体为高职英语学习者提供了动态更新的信息网络。通过关注相关群组和论坛，学生不仅可以获取最新的教学资源，而且能与其他学习者或教育者进行实时互动，分享学习经验。许多教育专家和资深教师经常会在个人公众号或专门的教育网站上发布教学方法、研究成果和实用教材。这些第一手资料为高职英语教学提供了更多样化和个性化的选项。

（二）拓展资源

在高职英语教学中，教师可以利用各种在线平台和搜索引擎精准地寻找与课程主题相符的丰富内容，从而增加教学的深度和广度。

1. 搜集个性化和多样化的资源

在高职英语教学中，教师面对的学生群体多种多样，传统的单一教材很难满足所有学生的需求。在这种情况下，在线学习平台成了教师挖掘教学资源的重要手段。这些平台涵盖了丰富的信息，如文化、历史、科技、商务等。

借助这些工具，教师可以根据每个班级或每个学生的具体需求，制订个性化的教学计划。例如，教授"商务英语"时，教师可以通过搜索最新的商务新闻、专业文章或实例分析，满足商务英语专业学生的实际需求。个性化和多样化的教学资源不仅可以提高教学质量，而且能增强学生的学习兴趣和参与度。

2.筛选和创建教学资源

互联网上的信息量庞大，但并非所有的信息都适用于教学。因此，教师搜集完资料后需要进行细致的筛选。例如，通过输入与课程主题相关的关键词，教师可以找到大量的文章、研究报告、视频等。这时，他们需要根据这些资料的可靠性、准确性和教学价值进行筛选。将筛选好的优质资源下载到本地硬盘，以便随时取用。

教师可以利用这些资源创建自己的多媒体课件，图表、图片、视频等元素使课堂更加生动。这不仅节省了教师的准备时间，而且使得教学内容更加贴近实际，有助于学生更好地理解和吸收。

3.更新和深化教学资源

高职英语教学应注重与时俱进，适应社会和专业发展的需要。利用信息技术，教师可以实时获取最新的学术研究、行业动态。例如，教授"环境保护"这一主题时，教师可以及时引入最新的环境保护政策或国际合作案例。这样的实时更新和深化不仅使课堂内容更加丰富多彩，而且让学生感受到英语学习的实用性和紧迫性，还能够培养学生的批判性思考能力和问题解决能力。

（三）文化资源

在全球化日益加剧的今天，高等职业教育的英语课程越来越注重多元化的技能培养。除了基础的语言能力——听、说、读、写、译的培养，跨文化交际能力的培养也被视为重要的教学任务。跨文化交际能力意味着学生不仅能准确地传达和接收信息，而且能洞察和理解不同文化背景下的寓意。这样个体就能避免文化误解或冲突，减少交际障碍，实现更为顺畅、高效的跨文化交流。

在这个不同国家、民族关系日益密切的世界，与不同文化、习俗和信仰背景的人们进行有效沟通显得尤为关键。因此，跨文化交际能力的培训是适应这一全球趋势的必然选择。高职英语教学应针对这一需求，整合各种教学资源和方法，如角色扮演、案例分析等，以便培养学生的跨文化交际能力。

这不仅能提高他们在专业领域内的竞争力，而且有助于他们成为更具适应性的国际化人才。

信息技术为高职英语教学提供了便利性和可能性。传统的教材往往局限于语法和词汇的教授，缺乏文化元素和实际应用场景的充分展示。通过信息技术，特别是多媒体和互联网，英语教师能够轻松地引入丰富的文化内容和实例。例如，通过视频剪辑，学生能够直观地了解英语国家的节日庆典、风俗习惯。这样的教学方法不仅丰富了课堂内容，而且增强了学生对跨文化交际重要性的认识。

三、辅助师生交流

在高等职业教育体系中，英语教学不仅是语法和词汇的教授，而且是英语应用能力的培养。在这一过程中，教师的角色是不可或缺的，他们需要确保学生不仅能掌握语言的基础结构，而且能在实际应用中运用这些知识、技能。为了实现这一目标，高职英语教学可以广泛地采用信息技术，以搭建更多元、更高效的交流平台。

借助信息技术，教师可以创建多种形式的互动环境，如在线论坛、虚拟聊天室、专题性的网络研讨会，从而使得教学不再局限于传统的课堂模式。这些数字化平台提供了一个宽广的舞台，让学生能在课下继续对某个主题进行深入研究和讨论。

高职学生可以通过网络平台与外国人直接交流，这种互动不仅有助于提升语言技能，而且可以加强跨文化交际能力。与不同文化背景的人们进行直接交流，有助于学生理解和适应各种文化现象和社会规范，从而提高他们在真实跨文化交际场合中的适应性。

四、开展个别辅导

信息技术的进步推动了计算机辅助学习和测验软件的普及，在多方面优化了教学环境和学习体验。同时，这些软件工具在一定程度上减轻了教师的日常工作压力，让他们能更加专注于高质量的教学。

在高职英语教学中，信息技术的应用非常广泛。通过使用各种在线学习平台和应用程序，学生能够更系统地追踪自己的学习进度。例如，许多软件提供实时诊断功能，允许学生完成练习后即刻得到反馈。这种即时反馈包括具体解析和建议，以便学生理解自己的错误并进行针对性的改进。通常情况下，这些软件配备有数据可视化工具，如进度条、雷达图、热图，以形象、直观的方式显示学生在语法、词汇、听力等多个维度上的能力水平，使学生更精确地了解自己的学习状况。一些先进的教学软件甚至可以根据学生的表现和需求自动调整教学内容。例如，如果软件检测到学生一直在时态方面出错，它可能自动为该学生生成更多关于这一方面的练习题。

在高职英语教学中，计算机软件不仅能够自动化一些烦琐的工作，如出题、判卷，而且能进行精细的数据分析。这种数据分析能帮助教师更有效地识别学生的个体差异和需求。

在开展教学活动的过程中，计算机软件可以记录每个学生的学习数据，从简单的点击学习动作到复杂的解决问题步骤。教师可以从这些数据中了解学生的学习习惯、学习兴趣和潜在的学习困难，进而开展更个性化的指导。从某种程度上说，这些软件就像是"智能助教"，可以在教师的指导下完成一些基础但重要的教学任务。例如，这些软件可以根据学生的学习进度自动分配作业和阅读材料，或者在教师无法提供即时反馈时，提供临时的答案和解释。这种信息技术的应用不仅能提高教学效率，而且能使教师有更多的时间和精力去关注教学内容的创新和学生个体的深度辅导，从而提升整体的教学质量。

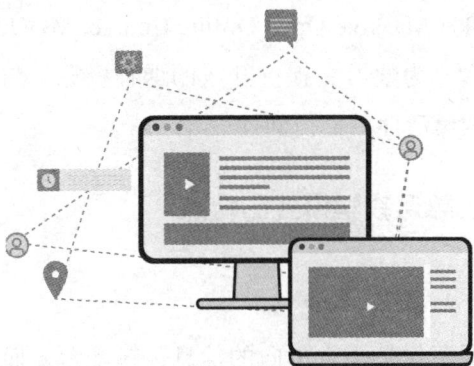

第四章

信息化手段助力高职英语
教学模式

第一节　高职英语慕课教学模式

慕课（Massive Open Online Course, MOOC）是一种基于信息技术的在线教育平台，为学习者提供开放的课程资源。与传统的教育方式相比，慕课具有更强的灵活性、可访问性。

一、慕课教学模式的特点

（一）实时互动性

慕课不仅是一个单向的信息传输平台，而且是一个交互式的在线教育生态系统。通过应用先进的网络技术，慕课能够实现学生与教师、学生与学生之间的实时互动。例如，通过在线问答、实时讨论、群组合作等功能，学生不仅能获得及时的问题解答，而且能与各地的同学分享观点和学习经验。

（二）碎片化

不同于传统的、以长篇大论为主的教学方式，慕课通常采用"碎片化"的教学内容。每个课程单元都是由短时、精练的视频组成的，通常集中讲解一个或几个核心概念或技能。这种方式不仅有助于学生准确地掌握知识点，而且符合现代人的心理特点。这种灵活的教学模式让学生能自由地安排学习时间和学习节奏，学生可以在任何有网络的地方进行学习，不仅提高了学习的便捷性，而且提高了学习效率。

二、慕课教学模式面临的挑战

（一）学习者的自律性

在慕课教学模式中，学习者是学习的主体和掌控者，这就意味着学习者需要具有很强的自律性和自我管理能力。然而，由于慕课学习环境的开放性和灵活性，学习者容易产生拖延心理。相较于传统课堂，这种教学模式对学习者的责任感和自我管理的要求更高。因此，激发和保持学习者的持续参与和自律性成为一大挑战。有些慕课试图通过徽章、积分等游戏化元素来解决这个问题，但效果因人而异。

（二）教师角色的重塑

在慕课环境中，教师面对的是不同背景和学习需求的学生。这就需要教师不仅要具备优秀的教学技能，而且要具备大数据分析和课程调整的能力。教师必须快速识别出有效的教学方法，并对原有的教学方法进行改进。如果课程内容或教学方式没有吸引力，教师将面临学生流失的风险。

（三）技术基础设施的稳定性

慕课需要支持大量的并发访问和数据流量，这需要稳定、可靠和高效的技术基础设施作为支撑，任何技术故障都可能影响学习者的学习体验和学习成效。慕课不仅需要先进的服务器和网络技术，而且需要相应的数据安全和隐私保护。

（四）认证和学分

尽管许多慕课提供课程认证，但是大多数认证还没有得到广泛的社会和行业认可。这种局限性使得慕课难以完全替代传统的高等教育。要想使慕课的课程认证得到更广泛的接受，必须跨越认证和学分这两条界线，这通常需要政府和教育机构的积极参与和支持。

三、慕课与高职英语教学结合的优势

（一）有利于实现知识结构系统化

慕课教学模式的一个重要优势就是帮助学生实现知识结构系统化。这种系统化体现在课程内容的层次性和模块化上，不仅能使学生逐渐理解更复杂的句子结构和语境应用，而且有助于学生在掌握基础知识的同时，逐步建立起对高级概念的理解。此外，这些课程通常按照一定的逻辑顺序进行组织，这种逻辑连贯性使学生更容易理解英语各个方面的内在联系，并能在实际应用中灵活运用英语知识。与此同时，系统化的知识结构为学生提供了自我评估和修正的机会。具体来说，每个模块通常都配有相关的测试和自我检测机制，不仅能帮助学生明确自己的掌握程度，而且可以帮助学生有针对性地进行修正和提高。

由于所有的教学内容都是可追溯的，学生可以随时回顾和查找以往的课程，这种可追溯性使他们在以后的学习和实际应用中能更加方便地回顾和整合相关知识。此外，系统化的知识结构还支持交叉学科知识的整合。例如，通过学习商务英语或科技英语，学生能更容易地将英语知识与其他专业和学科结合，从而在未来的职业生涯中自如地使用英语语言技能。

（二）有利于构建个性化学习环境

由于资源和时间的限制，传统的课堂教学往往难以满足学生个性化的学习需求。然而，通过提供英语授课视频、专业课件、动画演示等多元化的教学资源，慕课不仅丰富了教学内容，而且给予学生更多选择的自由度。除此之外，慕课还提供了专项练习和详细讲解，这些资源针对性强，能即时纠正学生的学习误区，有效地提高学习效率。

除了在线课程学习外，高职学生还能在教师的指导下，有计划地自主阅读英语课外参考书，如英文小说、学术论文等，不仅有助于提升英语阅读能力，而且能拓宽学识视野。学生还可以根据阅读和学习的内容，撰写英语小论文或剪辑相关的英文资料，不仅能够锻炼写作和编辑能力，而且能帮助他们逐步建立起自己的"知识仓库"，即系统的英语学习和应用体系。这种"知识仓库"将增强学生在未来工作和学术研究中的自信心和竞争力。

（三）有利于构建自主学习方式

在高职英语教学环境中，慕课教学模式的一个突出优势是促进学生自主学习方式的构建。一方面，与传统课堂环境相比，慕课更注重创建互动化的学习模式，使学生从一开始就能够体验到主动参与和自我驱动的重要性。通过在线测验、实时反馈、社群互动等多种教学工具，慕课不仅激发了学生的学习兴趣，而且让他们能够实时地评估自己的学习进度和效果，从而对自己的学习路径进行有效的调整和优化。另一方面，慕课的个性化学习路径鼓励学生主动寻求和探索新知，从而形成更为自主的学习态度。例如，慕课通常会提供多种不同难度和主题的课程选项，这不仅能够满足不同学生的学习需求，而且能激发他们对英语学习的兴趣和热情。慕课的灵活性和可访问性方便了学生对自主学习模式的尝试和实施。学生可以根据自己的时间和节奏进行学习，这种灵活性不仅降低了学习的门槛，而且为学生提供了更多的自主学习机会和空间。

四、慕课的设计与实施

（一）慕课的设计

1.明确课程建设目标

在高职英语教学中，慕课的设计要注意明确慕课建设的目标。秉承着促进课程资源共享与教学过程更加开放的教学理念，高职英语教学慕课建设的目标设定为：在信息技术的帮助下，通过灵活、新颖、现代化、数字化的教学方式激发学生学习英语的兴趣，消除学生对传统英语学习的认知偏见。具体来说，教师必须具备专业的英语知识和技能，以及搜集和整理在线课程资料的能力。

整理完相关教学资料后，教师还要根据专家和学者提出的专业性建议进一步明确慕课建设的目标和整体结构，保证慕课建设的目标符合高职英语教学的整体目标。慕课建设目标中规定的教学内容包含高职英语教学目标涉及的相关知识点，以确保课程开发和设计的有效性。与此同时，为了加强高职英语慕课建设的针对性和实用性，高职英语教学工作者还要依据教育教学改革发展的要求，结合学生的学习特点，注意更新和维护慕课的教学内容，从而构建一个动态化的慕课体系，以实现慕课的交互动态化和时空动态化，提高高职英语在线课程的整体水平和质量。

2. 丰富课程教学内容

在高职英语教学过程中，课程内容设计是至关重要的一环。课程内容设计不仅要具备专业性，而且要具备多样性。

多样性和丰富性是展现课程吸引力的关键，这意味着课程教学内容除了包含标准的教学模块外，还要包括与日常生活、职场应用、文化话题紧密相关的材料。教师可以采用短视频、动画或者其他互动元素来强化主题，为学生构建多维度的学习环境。例如，教师可以在教学内容中加入相关的案例研究、对话或者角色扮演等材料，这不仅使学生能够在轻松的环境中吸收英语知识，而且能加深他们对实际应用场景的理解。视频材料的时长适宜控制在5—15 分钟，这样学生能充分吸收信息，从而实现最佳的教学效果。

对学生来说，语言学习不仅是语法和词汇的掌握，而且涉及语言文化和价值观的认知。因此，教师在设计高职英语慕课课程内容时，需要加入跨文化交流和文化意识培养的相关内容。教师可以考虑整合一些介绍英语国家或地区的历史、风俗习惯、社会制度等方面的信息，以多媒体或者互动练习的形式引导学生在学习语言知识的同时理解和尊重不同文化背景下的思维和行为模式。例如，通过分析与比较不同文化中的礼貌用语、习俗和社交规范，学生不仅能消除文化偏见，而且能提高在多元文化环境中的沟通和应变能力。这样的综合性教学内容设计不仅能丰富学生的学习体验，而且能提升他们的语言能力和跨文化交际技巧。

3. 健全评价反馈体系

在高职英语教学的慕课设计中，建立健全评价反馈体系不仅是量化学生学习成果的有效手段，而且是教学过程中不可或缺的环节。这一体系通常包括多个环节：在线单元考核、期末考核、视频学习效果考核、线上讨论互动表现。这样的多元评价机制不仅从不同角度反映了学生的学习状态，而且能够调动学生的学习热情，让他们更加主动地参与学习。将评价指数分配到多个维度的操作使学生在整个学习周期内保持持续和高效的学习状态，这不仅有助于他们固化知识，而且有利于培养他们对语言技能的综合运用。

与此同时，反馈机制是这个评价体系中至关重要的组成部分。教师可以通过云平台查看作业，并对作业的完成情况进行实时监控和反馈。这种动态反馈方式不仅能提高教学效率，而且能根据学生的学习情况进行个性化指导。例如，对于经常出现问题的学习点，教师可以及时调整教学策略或者提供额外的学习资源。在此基础上，这种反馈机制允许教师对学生学习的时间、频率、方法等进行数据分析，从而更准确地把握学生的学习需求和习惯，以便制订更为精准的教学计划。差异化和个性化的教学反馈不仅能帮助学生解决实际问题，而且有助于激发他们的学习兴趣和创造力。

（二）慕课的实施

1. 加强慕课基础设施建设

高职英语教学慕课的实施依赖健全和先进的基础设施。从硬件方面来看，高带宽的网络连接、高性能的服务器和先进的多媒体设备都是不可或缺的。这些设施不仅为教师提供了多样化的教学手段，而且为学生提供了丰富的学习资源和流畅的学习体验。因此，各高职院校应该认识到，现代化的慕课教学模式不能脱离硬件的支持。此外，由于慕课通常需要大量的数据存储和处理，高效的数据库服务器和网站服务器的配置也是至关重要的。这不仅能够确保慕课内容的安全存储，而且能支持复杂的数据分析，从而为教学提供有力的数据支撑。

随着在线学习用户数量的增加，慕课需要承受较大的访问压力。因此，网络管理人员需要持续监控系统性能，并根据需要定期进行系统升级和维护。这一点不仅关系到平台运行的稳定性，而且直接影响教学效果和学生满意度。同时，通过在线反馈机制，学校可以及时了解并解决教师和学生在使用过程中遇到的问题。综合考虑硬件、软件和管理三个方面，高职院校应制订基础设施建设和维护计划，以确保慕课能在最佳的条件下进行。

2. 加大教师培训力度和学生监督力度

慕课教学模式的顺利实施不仅依赖健全的技术基础设施，而且依赖教师的教学素养和方法论。因此，高职院校应定期对教师进行针对性的培训，覆盖课程设计、在线教学方法、学生评价机制、教学资源管理等方面。教师不仅要学会运用现代信息技术来丰富教学内容，而且要熟悉通过数据分析来跟踪和改进教学效果。慕课常常涉及多学科交叉的内容和方法，这需要教师具备一定的跨学科教学能力。

慕课的成功还依赖学生的积极参与和自主学习。因此，在慕课的设计和实施过程中，加强学生的指导和监督是不可或缺的一环。教师应通过各种手段（如在线测验、互动讨论、实时反馈等）监控学生的学习进度和参与度。这不仅能及时发现并解决学生在学习过程中遇到的问题，而且能激励学生从被动接受转变为主动探索，从而提高他们的学习效率和英语应用能力。教师应引导学生认识到慕课不仅是获取知识的途径，而且是培养自主学习、批判性思考、团队合作等综合素质的平台。教师和学生都成为这一教学模式的积极参与者，高职英语教学才能在信息化时代真正实现质的飞跃。

第二节　高职英语微课教学模式

微课是一种短时、精炼的在线教学模式，通常以视频为主要载体。基于微学习理论，这种教学模式通过分解教学目标和内容，突出教学的重点和难点。微课不限于传统的教室环境，常用于移动教学和在线教学平台。尽管其时长较短，但具有完整的教学结构，包括教学目标、教学设计、教学活动、教学评价等环节。

微课不仅是一个简单的教学工具或者平台，而且是一种创新的教学理念和方法。它强调教学内容的碎片化、情景化和可视化，以适应当今多样化、个性化的学习需求。随着移动设备的普及，微课有可能成为未来教育的重要组成部分。

一、微课的特点与类型

（一）微课的特点

微课的特点可以用四个字概括，即短、小、精（如图 4-1 所示）。

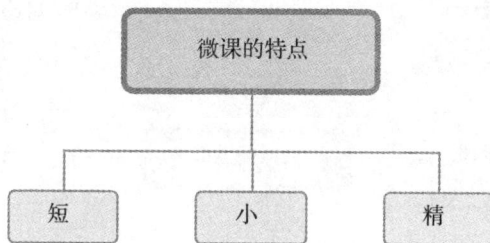

图 4-1　微课的特点

1. 短

微课具有"短"的特点。根据视觉停留规律，人们的注意力集中时间大约在 10 分钟。因此，微课视频时长一般被控制在 5—8 分钟。这一设计不仅避免了学生的视觉和听觉疲劳，而且使得视频文件更为便携。这种轻量化的设计使学生可以更方便地将课程下载到各种移动设备上，以实现更加灵活的自主学习。

2. 小

微课是"小"而集中的。与以课时、单元或章节为单位的传统课程不同，微课注重在短时间内解决一个具体的教学问题。这样的定位使得微课可以针对性地解释重点、难点或疑点，从而更有效地满足学生的个性化学习需求。

3. 精

微课具有"精"的特性。它不是简单地从传统课程中截取的片段，而是教师围绕某一主题精心设计的完整教学活动。这些视频融合了教师的专业知识和教学情感，从而能更准确地传达教学内容，并激发学生的学习兴趣。

（二）微课的类型

根据微课的功能和开展方式，可以将微课分为以下六种类型（如图4-2所示）。

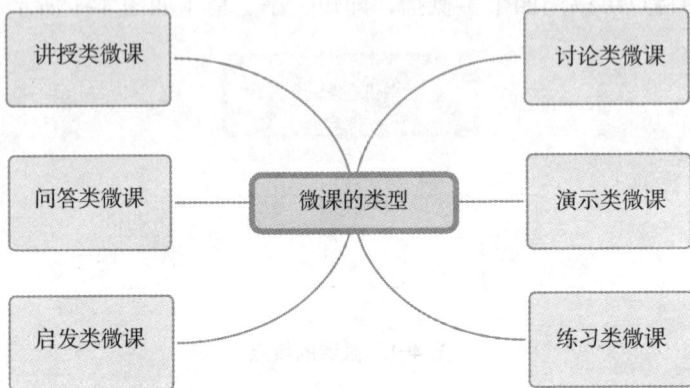

图 4-2　微课的类型

1. 讲授类微课

讲授类微课使用生活化、口语化的方法向学生传授知识与技能。就英语专业来说，教师既可以讲授单词、短语的含义和用法，也可以介绍文章作者或重要的写作背景知识、文化知识、专业知识。

2. 问答类微课

问答类微课就是教师根据教学设计向学生提出问题的课程类型。问答类微课适用于高职英语的课前导入和课后复习。例如，教师可能在微课中提出与即将教授的语法或词汇有关的问题。学生可以暂停视频进行思考，然后继续观看视频，以确认自己的答案。这种类型的微课不仅有助于激发学生的好奇心，而且能为即将到来的课堂教学做好预热。

3. 启发类微课

启发类微课注重个性化教学。在高职英语教学中，学生的学习水平和风格可能差异很大。启发类微课能通过多媒体和互动性的方式激发学生的学习兴趣，从而提高其语言应用能力。例如，通过一系列与职业场景相关的英语对话，教师可以启发学生思考如何在实际工作中运用英语知识。

4.讨论类微课

讨论类微课是在线教学活动中十分重要的课程类型。这种微课通常以一个具体的主题或问题为基础，邀请学生提出自己的看法或解决方案。例如，在商务英语中，学生可以就如何实现有效的商务沟通进行讨论。这不仅能锻炼学生的思维和表达能力，而且能拓展其对商务文化和习俗的了解。

5.演示类微课

演示类微课将教学过程中的物品以事物或模型的方式清晰地展现给学生，或者给学生做示范性实验，让学生通过观察逐渐获得感性认知。在这一过程中，学生可以逐步验证和接受教师所讲授的知识。例如，教师可以通过微课展示英语演讲或商务谈判。这样的微课通常注重实用性，可以快速帮助学生掌握某种特定技能。

6.练习类微课

在高职英语教学环境下，练习类微课起着至关重要的作用，尤其是在巩固课堂知识和技能方面。这类微课通常以系列练习题或模拟测试的形式出现，旨在提供一个方便、高效的平台，使学生能在任何时间、任何地点进行自我测试和修正。这在很大程度上增强了学生的学习自信心，也为其长期的英语学习和职业发展打下了坚实的基础。

二、微课的设计与实施

（一）微课的设计

1.设计原则

（1）开发高质量的学习资源。微课的设计是为了提高学生的学习兴趣，增强学生学习的自信心，培养学生的自主学习能力。因此，微课应注意开发高质量的、能促进学生成长的学习资源。高质量学习资源开发的理论依据源自自我效能感理论。自我效能感是个体对自己能否完成某一行为所进行的推测和判断，自我效能感强的学生会对学习产生强烈的愿望，有信心学会想要掌握的知识。微课的内容设计能增强学生的自我效能感，使学生对自己的学习能力充满信心。

（2）控制时间。从"控制时间"这个角度来看，微课以短时间、高效率的教学为特点。心理学研究显示，人的注意力在10—15分钟后会逐渐下降。因此，教师应将微课时长控制在15分钟以内。

（3）分解内容。该原则旨在将复杂、庞大的教学目标和内容拆分为易于管理和掌握的单元。这种方式符合认知心理学的原则，即信息分块可以更有效地进行编码、储存和检索。在高职英语教学中，一门关于商务英语的课程可能被细分为商务电话、商务会议、商务文书等多个微课主题。这样的分解可以减轻学生的心理负担，提高学习的自我效能感，并允许教师更精确地针对学生的不同需求和水平进行个性化教学。

2. 设计注意事项

（1）适应性和灵活性。考虑到学习者与微课的双向互动，适应性和灵活性变得更加重要。例如，在设计一个以信函写作为主题的高职英语教学微课时，课程平台应该支持多种媒体格式，以便学生上传自己的信函样本或其他相关材料。此外，平台应允许学生根据自己的时间表自由地访问课程内容，以便他们参与讨论。在这种情况下，课程应该让学生在不同的学习阶段选择不同的活动和资源。

（2）可互动性和参与度。在信函写作的微课中，可互动性可以通过多种方式实现。例如，课程平台可以提供一个专门的"讨论板"，学生可以在这里提出关于信函写作的问题，其他同学或教师可以实时回应。这种互动不仅有助于解决学生的疑问，而且能激发更广泛的讨论，增强课程参与度。另外，还可以设置写作挑战和小测验，允许学生上传自己的信函实例。

（3）文化敏感性和多样性。微课应该包括不同国家和文化的信函写作示例，并解释不同文化中相似语言表达的差异，确保课程不仅教授技术技巧，而且能提升学生的跨文化沟通能力。

（4）持续改进和更新。教师可以定期更新课程内容，添加最新的信函模板或者与当前事件相关的写作实例。这样的持续改进和更新是非常必要的。这也可以通过学生活动和互动的数据分析实现。这些数据不仅可以用于课程改进，而且能帮助教师了解学生的学习需求和偏好，从而做出更具针对性的教学调整。

（二）微课的实施

1. 辅助课堂教学

在辅助课堂教学方面，微课可以作为一种有效的教学媒介，弥补课堂时间有限、无法涵盖所有知识点的不足。具体来说，教师可以利用微课来实现所谓的"翻转课堂"。在这种教学模式下，学生可以在课前观看涵盖即将教授知识点的微课，这样在课堂上就能更加专注于与教师和同学的互动讨论，以及应用这些知识点的练习。例如，如果下一堂课是"商务英语对话"，教师可以提前录制一些模拟对话的微课，并让学生在课前观看。这样进入实体课堂时，学生就已经对基本的对话结构和词汇有了一定的了解，可以立即学习更为深入的角色扮演或案例分析内容。

这种方式不仅增强了课堂教学的动态性和参与性，而且节省了教师和学生的时间，使他们可以更集中地讨论问题、解决疑惑。同时，这也是一种形式的个性化教学，学生可以根据自己的进度观看和复习微课，从而得到更个性化的支持。因此，微课在辅助课堂教学方面具有很大的潜力和价值。

2. 辅助预习与复习

高职英语教学常面临时间紧、任务重的挑战，微课可以发挥至关重要的作用。在预习阶段，教师可以通过微课发布即将教授主题的核心内容、重要词汇、基础概念等，使学生在进入课堂之前就有了明确的预期和目标，能更高效地参与课堂活动。复习阶段的微课设计则可以更加灵活多变，除了基础知识回顾外，还可以包括课堂上未能解答或未深入讨论的问题。例如，如果课堂上教师与学生讨论了英美文化差异对商务沟通的影响，复习阶段的微课可以包括一些实际的商务场景，用以展示文化差异在实际应用中的作用。

微课不仅提高了课堂教学效率，而且在一定程度上解决了学生因个人时间管理问题而导致的学习效果不佳的问题。因此，微课对高职英语教学质量的提高具有不可忽视的作用。

第三节　高职英语混合学习教学模式

一、混合学习的定义与内涵

（一）混合学习的定义

混合学习是一种综合性的教育方法，不仅吸纳了多种教育理论和教学模式的精髓，而且成功地将不同类型的学习环境融为一体。在数字化、网络化的社会背景下，混合学习的定义进一步扩展：一种依据教育目标、学习需求、可用教学资源和活动设计，整合传统课堂教学、数字化学习资源及在线教育平台的多元化学习方式。

混合学习模式注重学习者的体验和成效。它通过线上平台提供丰富的学习资源，同时利用面对面的课堂教学，提供即时反馈和高质量的社交互动。

学校可以根据教育阶段和学科特点制定不同的混合学习模式。例如，在自然科学领域，虚拟实验室和真实实验室的结合让学生既能体验科学研究的真实情景，又能在安全、可控的环境中模拟实验。在人文社科领域，线上讨论和线下研讨的结合让学生在多元文化和思想的碰撞中获得更全面的认识和理解。

（二）混合学习的内涵

1. 混合学习是融贯多种教育理念的新思想

混合学习模式是一种先进的教育方法，借鉴了多种教育理论，如行为主义、认知主义、人本主义等，并将这些理论融合在一起。这种模式的核心不仅是内容传递或信息共享，而且是教与学的合作体验，它以不同的学习背景、需求和目标为基础，设计出多种形式的学习活动。

在混合学习模式中，行为主义的观点主导了学习环境的构建。这种模式借助丰富的数字资源，如在线课程、电子图书、模拟软件，最大限度地增加信息接触的频率和深度。同时，认知主义起到了桥梁作用。它强调个体在学习过程中的主观活动，如信息处理、问题解决、批判性思考等。在混合学习环境中，课程设计者通过各种互动工具和合作平台，包括在线讨论、群组作业、实时评估等，激发学生的认知活力，不仅提供了即时反馈，而且增强了学生之间的社交互动。人本主义在混合学习中的角色体现在对个体差异和自主性的尊重上。它鼓励教师以学生为中心，充分考虑其个性、兴趣和学习方式，以提供更个性化、更人性化的教学体验。因此，在这一模式下，教育不再是单一的、标准化的流程，而是灵活、多元的学习体验。

2. 混合学习是多维度的

混合学习不仅是一种教育模式，而且是一种教育生态系统。它不仅将不同的教育理念、教学方法和教学媒体整合在一起，而且充分考虑学习者的个性、需求和环境因素，以提供更灵活、更高效的学习体验。

在技术层面，混合学习不仅包括在线学习资源，而且涵盖同步与异步的学习方式。这意味着学生可以通过实时视频课程与教师、同学即时互动，也可以在适合自己的节奏下进行自主学习。从学习方式来看，混合学习提供了多元化的学习体验，将课堂讲授、个人研究、团队合作、媒体互动等多种学习方式整合在一起，不仅增强了学习内容的吸收和理解，而且提高了学生的社交、沟通和团队协作能力。

从系统构成要素的角度看，混合学习是一种多模态、多渠道的学习模式。除了常规的教学媒体和教材外，它还包括各种现代化的传输介质和学习平台，如云计算、物联网、人工智能等。这些技术不仅丰富了学习资源，而且提供了个性化、智能化的学习支持服务。

二、混合学习教学模式的构建

互联网信息技术和多媒体技术在高职英语教学中的广泛应用促进了以教师为主导、学生为主体的混合学习教学模式的搭建。混合学习教学模式下的高职英语教学对教师的教学能力、教学技术等各方面提出了新的要求。教师不仅要灵活运用以教为主的教学策略和以学为主的学习方式，而且要搜集、整理各种可以用于混合学习模式的教学资源，设计混合式教学方法。本书从高职英语教学的实际情况出发，综合考虑语言知识、语言技能、情感态度、文化意识、专业知识、学习策略六个方面的内容要求，构建适用于高职英语教学的混合学习教学模式，该模式依托网络交互式教学平台开展，由课前、课中、课后三个教学阶段构成。

课前阶段，又称预习阶段，由观看微课视频、参与线上交流讨论两部分组成；课中阶段，又称正式学习阶段，由上机自主学习、课堂面授教学两部分组成，其中自主学习模块包括语音识别、人机互动、仿真场景、学习评价、交流平台五个部分，面授教学模块包括小组活动、成果汇报、课程总结和评价反馈四个部分；课后阶段是学生巩固和复习所学内容的阶段，包括完成作业、素质拓展和交流讨论三个部分。

在混合学习教学模式中，教师的角色发生了转变，他们不再是传统意义上的讲述者、传递者，而是学生学习过程中的帮助者和支持者。

三、混合学习课程的设计与实施

（一）课前设计与实施

在混合学习课程中，课前设计与实施是一项至关重要的任务，特别是在高职英语教学环境中。首先，教师需要借助微课制作工具，构建一个网络教学平台，以在线方式呈现课程内容。这一步为后续教学活动打下了基础。其次，教师需要参考英语教学大纲和目标梳理出教学要点，并在网络平台上构建与之对应的教学页面。这样可以确保在线组件与面对面教学环节在教学目标和内容上的一致性。完成这些工作后，教师要把自主开发的多种教学素材上传到在线教学资源库。这样做的目的是让学生能够在课前或课后访问这些资源，从而更好地准备和复习。

教师需要在各个课程章节的在线页面上，布置学生应当自行预习的任务和材料。预习不仅加深了学生对新知识的理解，而且能激发他们的学习兴趣。在教学平台上，教师应该规划整个课程的学习路线，明确学生需要完成的任务。为了增强课前的学习和讨论，教师可以在平台的论坛或聊天群里发布相关问题或话题。通过设置在线测试，教师可以对学生的预习和知识掌握情况进行评估，然后根据结果为学生分配小组任务，以提升课堂互动和合作学习的效果。通过网络交互平台的通知功能，教师应当提醒学生进行课前预习，并指导他们访问和使用预习材料，确保学生能够充分准备，以便更有效地参与随后的面对面教学。

由此可见，课前设计和实施流程不仅有助于提高学生的学习效果，而且能让教师更有效地执行教学任务。总的来说，这种方法强调了预习的重要性。

（二）课中设计与实施

混合学习课程在高职英语教学中的课中设计与实施是一个多维度、多层次的过程。该过程强调利用教学平台提供的数据和功能，优化课堂活动，同时注重实时调整教学策略，以适应学生的学习需求。这一模式有效地弥补了传统教学方法在组织和实施方面的不足，有助于提高学生的素质和应用能力。

通过在线教学平台的学习记录和数据分析，教师可以获取学生课前预习和课程参与的情况。这些数据对课堂活动的组织和管理具有很高的参考价值。例如，教师可以基于学生的掌握情况进行有目标的分组活动，通过平台直接分配小组和组长，从而促进课堂内外的协作和互动。

混合学习模式提供了一系列工具和机制来支持多样化的课堂教学活动。教师可以利用平台功能，设置不同的合作学习任务，如项目报告、角色扮演、案例分析等。这些任务不仅能够培养学生的团队合作能力和沟通技巧，而且能够有效地加强教学管理。

在自主学习环节，教师有机会利用更为先进和多样的教学工具，提升教学效果。这些工具允许教师根据学生的兴趣和生活经验制定教学内容。例如，模拟各种实际应用场景或文化环境，帮助学生提升跨文化交际能力。

（三）课后设计与实施

在高职英语教学中，混合学习课程的课后设计与实施同样具有重要价值，主要包括两大环节：一是机房的自主学习；二是课堂教学后的练习，都依赖于现代信息技术及学校提供的在线教学平台。

自主学习阶段往往涉及题库练习，这些题库通常嵌入学校的在线学习系统中。学生可以根据自身需要，选择合适的地点和设备完成练习。一些高职院校的硬件资源有限，无法提供全校范围内的无线网络，于是在线学习系统提供离线学习模式。学生可以提前下载需要的学习资源，然后在无网络的情况下继续学习，网络连接一旦恢复，学习记录就会自动更新。

课堂教学后的练习不局限于系统提供的题库资源。教师可以通过在线平台布置各类学习任务，包括写作、口语练习等。教师有时会设计角色扮演的任务，要求学生录制对话并在指定时间内提交。这些在线任务的完成状况及学生的学习数据都会被系统精确记录，方便教师进行后续的教学调整。

除了在线学习平台外，现代社交媒体工具也常被用作教学辅助工具。教师可以通过这些平台获取学生的即时反馈，与他们进行更有效的互动。同时，课后练习和作业设计注重实用性和实际情景，教师经常引导学生注意日常生活中与学习内容相关的话题，并比较汉语和英语的表达差异。这不仅加深了学生对英语文化和语言结构的理解，而且鼓励他们通过社交平台分享自己的见解和体验，从而掌握语言使用的多样性和复杂性。

第四节　人工智能视域下高职英语教学模式的创新发展

一、人工智能的分类

人工智能是计算机科学的一个分支，它试图理解、模拟和复制人类智能的各个方面，包括认知、感知、逻辑推理、学习、适应等。简而言之，人工智能旨在创建能够执行人类智能任务的机器或软件。人工智能可以分为两大类。

（一）窄域人工智能

窄域人工智能是目前应用十分广泛的人工智能类型，能执行特定任务或解决特定问题。由于专注于单一或少数任务，窄域人工智能通常不具备通用的推理能力或全方位的学习能力。例如，搜索引擎算法优化的目的是帮助用户快速找到相关信息；语音识别软件设计的目的是理解和执行语音指令。

在医疗领域，窄域人工智能可以用于影像分析，识别癌细胞或其他异常结构；在金融领域，窄域人工智能能进行风险评估、自动交易等；在物流和制造业，窄域人工智能可以用来优化供应链、预测设备维护需求；在自动驾驶领域，窄域人工智能可以用来识别路标、其他车辆和行人，以确保安全行驶。尽管窄域人工智能在特定任务上表现出色，但是它们通常无法进行跨任务学习或自我改进。

（二）通用人工智能

与窄域人工智能不同，通用人工智能的目标是创建一个能够执行任何智能任务的系统。从理论上讲，通用人工智能应具备各种各样的能力，包括推理、问题解决、语言理解。通用人工智能的核心挑战是"转移学习"，即将在一个任务或领域中学到的知识应用到其他任务或领域。

目前，通用人工智能是一个远期的目标，科学家正在多个方向上进行研究，以模仿或复制人类的全面智能，包括认知建模、多模态感知、自适应学习算法等。

二、人工智能技术

人工智能的实现依赖多种技术和方法，包括机器学习、自然语言处理、计算机视觉、语音识别、专家系统、强化学习等（如图 4-3 所示）

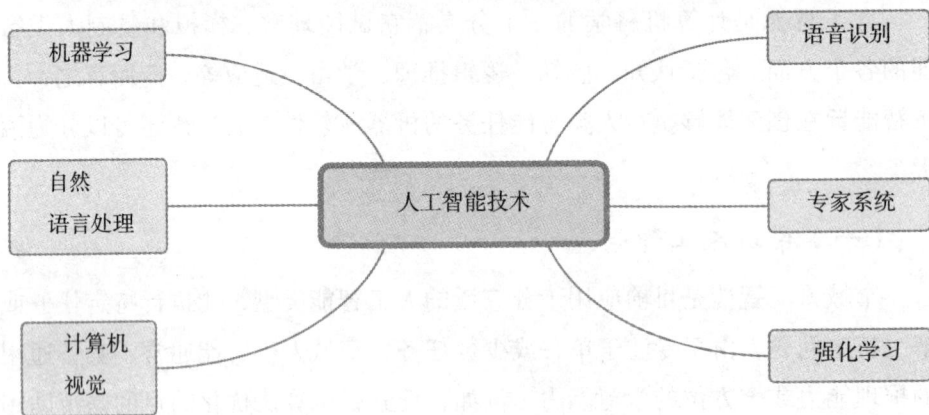

图 4-3　人工智能技术

（一）机器学习

机器学习是人工智能的一个子领域，它让计算机系统具备从数据中学习的能力。深度学习是机器学习的一个分支，它试图使用类似于人脑的神经网络来解析各种形式的数据。深度学习算法包括卷积神经网络算法、循环神经网络算法、变分自编码器算法。卷积神经网络算法用于图像识别；循环神经网络算法适用于时间序列数据；变分自编码器算法用于模型生成。这些算法已经在多个应用场景中取得突破，如自动驾驶、医疗诊断等。

（二）自然语言处理

自然语言处理是一门跨学科领域，涉及语言学、计算机科学和人工智能，旨在使计算机能够理解、解释和生成人类语言。这不仅包括基础任务（如词性标注、命名实体识别、句法解析），而且包括复杂任务（如情感分析、机器翻译）。自然语言处理技术已广泛应用于聊天机器人、自动摘要生成、语音助手等。

（三）计算机视觉

计算机视觉不仅关注如何让机器"看"视觉数据，而且关注如何让机器"理解"视觉数据，包括各种级别的任务，如像素操作、对象识别、场景重构。例如，在自动驾驶领域，计算机视觉技术能够实时识别和跟踪周围的车辆、行人、交通信号。在医疗诊断领域，计算机视觉技术可以从医疗图像中自动检测和诊断疾病。除此之外，计算机视觉技术在零售业、制造业、农业等多个领域也有相关应用。

（四）语音识别

语音识别进展非常迅速，特别是在深度学习算法得到广泛应用之后。它不仅用来识别单个词，而且用来理解复杂的自然语言对话。语音识别已经成为消费电子产品的一项基础功能。此外，商业领域也在逐渐采用这项技术。例如，在呼叫中心，语音识别可以用来自动处理客户服务请求。语音识别的核心挑战是减少背景噪声、方言的影响，以达到更高的准确率。近年来，深度神经网络，特别是循环神经网络和长短时记忆网络的应用已经取得显著进展。

（五）专家系统

专家系统尝试模拟人类专家的决策能力，以解决特定领域内的复杂问题，这通常涉及"if-then"规则或复杂的推理算法。专家系统广泛应用于金融市场分析、医疗诊断、工程设计。例如，在金融领域，专家系统可以用于信贷评估，通过分析个人的财务状况、历史记录和其他相关因素，决定贷款的可行性。随着机器学习和数据挖掘技术的发展，专家系统逐渐融合了这些先进技术，以提高准确性和可靠性。

（六）强化学习

强化学习是一种特殊类型的机器学习，它允许模型与环境进行交互。强化学习不需要带标签的数据集，这使得 RL 能够解决那些手动编程难以解决的问题，如机器人导航、游戏策略优化等。在强化学习的应用中，AlphaGo 是一个很好的例子。它不断地调整策略，最终击败了世界级的围棋冠军，展示了强化学习在解决高度复杂和不确定性问题方面的潜力。

三、人工智能技术在教育领域的应用

（一）语言学习

人工智能在语言学习方面的应用越来越广泛。基于自然语言处理技术和机器学习技术，现代语言学习平台能提供准确、个性化的学习体验。例如，AI 可以根据用户的语法和词汇水平提供个性化的练习和教材。这样的应用可以模拟真实的对话环境，不仅能帮助学习者提高阅读能力和写作能力，而且能有效提高学习者的听力能力和口语能力。此外，通过深度学习和自然语言生成技术，AI 还能模拟各种真实场景下的对话，从而让用户在"相对安全"的环境下进行练习。

（二）自动评分和反馈

自动评分系统通过机器学习算法评估学生的作答，包括选择题、判断题、写作题。这减轻了教师的工作负担，让他们有更多的时间进行个性化教学。通过数据分析，自动评分系统还能提供详尽的反馈，指出学生的不足。自动评分系统可以与在线教育平台集成，为学生提供反馈和建议，帮助他们修正错误，提高学习效率。

（三）数据分析与预测

通过收集和分析大量的学习数据，AI 技术能够预测学生可能面临的挑战和困难，并据此调整教学计划。例如，如果学生在数学测试中表现不佳，系统可以分析出学生在哪些知识点上有困难，然后提供针对性的教材和练习。

此外，这样的数据分析还能用来优化教学资源，教师可以更加明确地了解有效的教材和教学方法。

（四）个性化教学

人工智能技术能够为学生提供个性化的学习体验，根据学生的兴趣、学习速度及其他个人因素制定教学内容。例如，对于在特定学科上有困难的学生，人工智能技术可以提供额外的练习和辅导；对于在特定学科上表现出色的学生，人工智能技术可以提供更高阶的教材和练习。

四、人工智能技术在高职英语教学中的应用

（一）智能语音系统，提高口语教学效果

人工智能技术在高职英语教学中的应用，特别是智能语音系统的应用，标志着重大的教育创新。它不仅能改变传统课堂教学的格局，而且能显著提高教师的教学效率和教学质量。

一方面，智能语音系统的应用能拓宽学生的学习方式。传统的英语口语练习依赖课堂互动或者真人沟通，智能语音系统的出现让学生可以在任何时间、任何地点进行口语练习。更重要的是，智能语音系统会提供个性化的反馈，包括连读、重音、语调等多维度的评价。另一方面，智能语音系统的应用使教师受益良多。智能语音系统可以有效地减轻教师的负担，能自动评估和跟踪学生的进度，为教师提供翔实的数据分析，从而让教师有更多的时间和精力进行教学内容的研究和优化。此外，教师也可以通过智能语音系统布置更具挑战性和创新性的口语练习。智能语音系统还有一项引人注目的功能，那就是"自主练习打分"。这一功能使学生在练习过程中有了更明确的目标和自我评估的机会，进一步提高了学习的自主性和效率。

（二）智能批改作业系统，提高教师工作效率

当前，教育界面临的主要挑战是如何优化教学过程，以满足多样化和高效性的需求。智能批改作业系统在高职英语教学中的应用对教师工作效率的

提高具有革命性的意义。

1. 数据驱动的方法与高职英语教学

智能批改作业系统的数据驱动方法在高职英语教学中显得尤为重要。高等职业教育注重应用与实践，因此课程设计通常以职业技能为导向。借助智能系统，教师能够更精准地定位学生在英语应用、专业词汇、实际对话等方面的薄弱环节，并给出针对性的反馈。由于学生来自不同的背景和专业领域，在英语学习上的需求各不相同，系统化的数据分析能够提供一种量化的方式，让教师能够更有针对性地提供教学内容，从而提高课堂教学和个别辅导的效率。

2. 科学的评估标准与高职英语教学

高职英语教学不仅要关注学生的学术考核，而且要关注学生在实际应用中的表现。智能批改作业系统提供的科学评估标准有助于教师客观地评估学生的实际应用能力。例如，智能批改作业系统可以通过分析学生的作业和在线互动的情况，评价其在专业对话、邮件写作、商务交流等方面的表现。这不仅降低了评估过程中的主观偏见风险，而且使教师准确地识别学生在职业场景下应用英语的短板。

3. 可扩展性和灵活性在高职英语教学中的作用

高职英语教学需要与各种专业知识紧密结合。智能批改作业系统的可扩展性和灵活性，使其能与在线课程、实验室模拟、虚拟实习等其他教学资源或系统集成。教师可以跟踪学生在不同模块或项目中的表现，并据此调整教学策略。

4. 实时反馈机制在高职英语教学中的作用

在高职英语教学中，实时反馈是提高学生参与度和实际应用能力的关键。智能批改作业系统的实时反馈机制能够迅速地将学生在模拟职业场景或项目中的表现转化为具体、可量化的数据。教师可以即时了解哪些学生在课程中表现出色，哪些学生需要额外的支持或资源。这种实时的、个性化的反馈不仅能激发学生的学习兴趣，而且能促使他们积极地参与实际应用和项目的开发。

（三）智能分析系统，提供职业规划建议

在传统的英语教学模式中，教师和学生之间的交流大多局限于课堂内的学习活动和作业评价。然而，随着人工智能技术的不断发展，教师有机会通过智能分析技术对英语教学进行深度创新，尤其是在学生职业规划方面。

通过集成智能分析工具，教学平台可以收集和分析学生在各种英语活动中的表现数据，包括课堂参与度、测试成绩和对专业课程的掌握程度。这些数据能够生成个人能力图谱，教师可以对学生的英语综合素质进行量化评估。这些信息可以与英语技能需求相匹配，为学生提供职业规划建议。

智能分析技术可以分析大量的职业市场数据，包括不同行业、职位对英语水平的具体需求，以及各种专业认证和资格考试的相关信息。通过这些数据的深度分析，智能分析系统可以自动生成与学生能力匹配度高的职业路径，并提供相应的英语学习计划和学习资源。

智能分析技术有助于教师有效地设计课程、调整教学计划。通过了解学生的个性化需求和长期职业目标，教师可以将更多职业相关的内容和实际应用案例融入英语教学中。这不仅能提高学生的学习兴趣和参与度，而且能让他们清晰地认识到英语学习与未来职业发展之间的紧密联系。

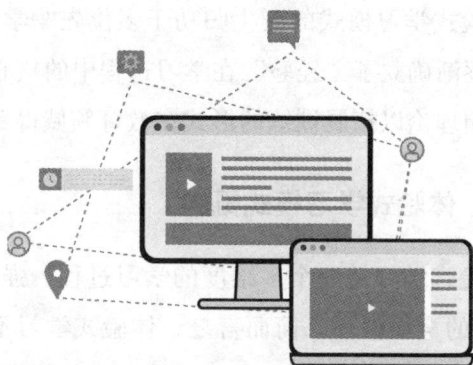

第五章

信息化手段助力高职英语
学习模式

第一节　高职英语体验式学习模式

体验式学习模式的诞生归功于多位先驱学者的工作，这些学者通过观察和研究逐渐确立了"经验"在学习过程中的核心地位。20世纪80年代，体验式学习圈理论以拓展训练的形式在教育领域得到快速应用和推广。

一、体验式学习模式概述

体验式学习是一个多维度的学习过程，强调从"实践"到"理论"再到"应用"的全面循环。简而言之，体验式学习不仅是一种"做中学"的策略，而且是一个不断深化和拓宽学习维度的整体框架。在这个模型里，学习者首先参与与现实世界紧密相关活动，如团队协作、问题解决。这些活动不仅提供了具体的经验，而且激发了学习者的感性认知。经由这个阶段，学习者得以收获丰富的个人经验和感受，然后与他人进行有效的分享和交流。接着，学习者将这些原始经验和感受通过思考转化为更为系统和普适的理论或原则。这是学习过程中非常关键的一步，它构建了从"具体"到"抽象"的知识桥梁。这些抽象出来的理论和原则再次被用于实际问题解决或新的实践环境，从而生成新的经验和知识。

在英语教学领域，体验式学习模式强调情感动机的作用。学生进入富有挑战性和互动性的英语环境中，如角色扮演、小组讨论、模拟商务会议等，不仅能够在实际应用中掌握语言技能，而且能在情感上获得积极的反馈和鼓励。这不仅增强了学习者对英语学习的兴趣和动力，而且提高了其实际应用英语的自信心和能力。

美国著名哲学家、心理学家、教育家杜威（Dewey）认为，自然和经验是和谐并进的——经验表现为认识自然、深入自然奥秘的方法，并且是唯一的方法，而经验所揭示出来的自然，则使经验的进一步发展深刻化、丰富化，并得到指导。①

甘术恩和刘芳芳两位学者对体验式学习有着不同的见解。甘术恩强调体验与新知识构建之间的密切联系。他认为体验式学习不仅是一个被动的接受过程，而且是一个动态的、互动的循环。在这个循环中，学习者运用他们之前的经验，并通过参与各种学习活动获得新的体验，然后对这些新体验进行反思和分析，最终形成新的知识和经验。②刘芳芳注重体验式学习的普适性和核心要素。她认为，无论外部环境如何变化，体验式学习的根本在于"直接经验＋反思"。这意味着，学习者需要通过实际参与获得直接的经验，然后通过反思这些经验，进行深层次的思考和理解。这一观点凸显了体验式学习的一贯性和普遍适用性，即无论在何种条件下，直接经验和反思始终是体验式学习不可或缺的两个环节。③

具体来说，体验式学习需要教师根据学生的认知特点设计教学活动和教学情景，尽可能真实地呈现学习内容。教师需要引导学生在体验的过程中建构自己的知识体系，发展自己的应用能力。体验式学习尊重学生获得知识的过程，充分体现了教学的人文性。学生在体验式学习过程中并不能直接通过教师的讲解获取知识，而是要通过经验总结和反思获取知识。因此，这一过程离不开亲身实践和阶段性的思考。体验式学习的过程包括以下四个阶段：具体体验、反思观察、概念形成、主动验证，如图5-1所示。学习者自动完成体验、反馈和调整。

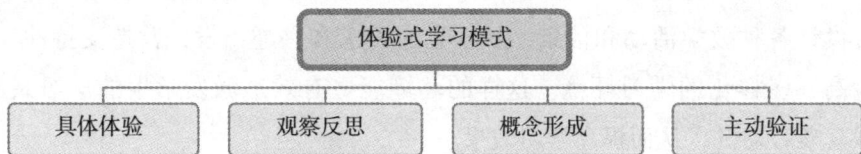

图5-1 体验式学习模式

在"具体体验"阶段，学习者沉浸在一个活动或问题情景中，这一阶段

① 王雷．体验式学习在初中英语教学中的应用研究[D]．长春：东北师范大学，2007．

② 甘术恩．基于体验式学习理论的商务英语口译探讨[J]．中国商论，2015（16）：190-192．

③ 刘芳芳．基于增强现实的体验式学习活动设计研究[D]．上海：华东师范大学，2016．

强调实际的参与和全身心的投入。这是一个充满活力和直观性的阶段，学习者面对新的挑战，尝试不同的方法。在"观察反思"阶段，学习者暂停学习，审视自己的体验。这是一个内省和观察的阶段，通常涉及批判性思维。在"概念形成"阶段，学习者试图整合自己的反思和观察，形成一般化或系统化的理论或模型。这通常需要更高阶的思维技能，如分析、评估、创造，以构建一个符合逻辑和实用的概念框架。在"主动验证"阶段，学习者设计实验或策略，将新形成的概念或理论应用于新的实际情景中，以验证其有效性和可靠性。

由此可见，体验式学习过程是一个迭代和动态的循环，不断地在理论和实践之间寻求平衡，旨在通过不断的修正和调整，提高学习的质量和效果。这符合现代教育的核心理念，即强调学习者的主体性和实践性，促进终身学习和自我发展。

二、体验式学习模式的特征

体验式学习模式是一个综合性、开放性、灵活性和实用性很强的学习模式，能更有效地促进学生的认知、情感和行为发展。

（一）主体性与互动性

体验式学习不仅强调学生的主体地位，而且强调学生之间、学生与教师之间、学生与环境之间的互动，是一个相互影响、相互促进的动态系统。教师应设计各种教学活动和情景，从学生的需求和兴趣出发，营造支持性、自由度高、多样化的学习环境。这样的环境能更有效地激发学生的学习兴趣，增强其学习动机，从而提高学习效果。

（二）实境化与文化融入

体验式学习不仅强调真实的语境，而且推崇文化背景和社会语境的整合。在多元文化和全球化的趋势下，学生需要更深入地了解和体验不同文化和社会环境。教师应该努力将地道的语言、文化元素和社会实践融入教学中，以增强学习的实用性和广泛性。

（三）实用性与应用导向

体验式学习强调经验的获取和利用，以及经验到知识的转化过程。这一过程通常包括问题识别、策略选择、策略实施、策略反思、策略修正等多个环节。学生需要通过不断地尝试、调整和再尝试，形成自己的经验库。这样的经验具有很高的实用价值，可以直接应用于日常生活或未来职业。

（四）自我调节与终身学习

体验式学习模式强调学生的自我管理和自我调节能力。学生需要学会设定目标、制订计划、执行计划和评估结果，这不仅是学习任务的需要，而且是终身学习和个人发展的必备技能。教师应通过指导和反馈，帮助学生形成和完善这些自我管理和自我调节的技巧和习惯。

三、体验式学习模式的意义

（一）强化记忆提高学习效果

记忆与知识储存在心理学和认知科学中被分为两大类型：陈述性记忆和程序性记忆。陈述性记忆包括语义记忆、情节记忆等，这种记忆多用于事实（如首都的名称）、概念或者特定事件（如第一次骑自行车）。程序性记忆，即人们执行任务或做动作时自动触发的记忆，与技能、习惯有关，这种记忆不容易用语言描述，但在开车、游泳、弹吉他等技能型活动中起着关键作用。

在体验式学习环境中，这两种记忆形式都得到了不同程度的强化。对于明确表述的记忆，体验式学习通过提供丰富、多样且接近真实的学习情景，增强其语境相关性和应用价值。在这样的学习环境下，学习者不仅能记住事实和信息，而且能了解这些知识在具体情景中的应用，从而将这种记忆转化为可用的、实用的知识。对于与技能、习惯有关的记忆，体验式学习通过重复和练习，使技能和习惯得到加强和固化。这不仅提高了学习者在特定技能上的熟练度，而且通过不断的反馈和调整，帮助其更准确地掌握技能的执行过程。

（二）情绪记忆增强学习效果

体验式学习涉及多种记忆类型，其中包括情节记忆，也就是与特定时间、特定地点和特定事件有关的记忆。这种记忆包括情感元素，这些情感或情绪是在学习体验过程中产生的。情绪因素不仅起到了"锚定"的作用，而且有助于将学习体验更深入地编进大脑。在认知心理学中，情绪记忆与其他类型的记忆（如命题记忆，即与事实、概念有关的记忆）在大脑中可能是以网络或节点的形式相互连接的。在体验式学习环境中，情绪记忆和知识记忆往往是共同生成和编码的。这种共同生成的记忆编码实际上增强了记忆本身，它促使大脑从多个角度"标签"或"分类"这段记忆。

这种双重编码有着重要的教育和心理意义。首先，它加深了学习体验。如果学习者在学习过程中产生了积极的情绪体验，这将激发他们对该主题的长期兴趣和参与度。其次，情绪和知识是相互连接的。在回顾或应用知识时，情绪记忆起到"触发"的作用，帮助人们快速回忆相关知识。最后，这种双重编码方式可能促进跨学科或多模态的学习。它允许学习者在多个认知和情感层面上整合信息。因此，体验式学习通过整合知识记忆和情绪记忆，提供更为深刻的学习体验，并在某种程度上增强了知识的可回忆性和可应用性。这为教育者和学习者提供了宝贵的启示，即强调情感与认知在教学过程中的不可分割性。

（三）自我决定促进自主学习

与传统的学习模式不同，体验式学习以学习者为中心，学习者是学习活动的主导者。在这种学习环境中，学习者有更强的灵活性和选择权。这种自主选择实际上是一种自我决定行为，能增强学习者的参与感和责任感。

自主性的培养与情景式学习紧密相连。情景式学习的关键在于动态性和开放性。学习者需要根据不断变化的情景适应和调整自己的行为和学习策略。这种即时判断和调整的能力不仅锻炼了学习者的应变能力和解决问题的能力，而且激发了他们的创新思维。另外，自我决定和自主性不仅有利于学习者个性的发展，而且有利于他们长期的职业规划和生活规划。当学习者习惯自我驱动和自我决定的学习方式时，更可能成为自我管理、自我激励的人。这种能力在现代社会中是非常宝贵的，不仅有利于个人的职业发展，而且有利于个人在多变环境中的适应和生存。

四、信息化手段助力体验式学习模式

信息化手段助力体验式学习模式的应用代表了一种教育创新，特别是在互联网时代，这种融合应用有助于突破传统教学模式的局限性。这种模式以学生为核心，强调真实或近似真实环境中的学习，以增强学生的参与度和经验积累。

在旅游英语课程中，教育者可以设计一个模拟导游或酒店前台接待的情景。学生需要准备相关的英文对话脚本和行程计划，然后在模拟环境中与其他同学或模拟游客角色进行交流。这样的模拟不仅考查学生的语言能力，而且要求他们熟悉旅游业的基本知识，如地理信息、文化差异、客户服务的要点。这为学生提供了一个多角度、多维度的实际操作场景，增强了他们的综合素质。信息技术，特别是模拟软件和虚拟现实技术，可以进一步丰富这些模拟活动。例如，通过虚拟现实技术，学生可以"亲自参观"模拟的旅游景点或"体验"模拟的航班，感受整个旅游过程。这种技术甚至可以允许远程学生或教育者实时加入教学活动，提供更多元化的互动机会和问题解决机会。

通过这种体验式学习模式，学生不仅能在专业技能上得到提升，而且能认识到这些技能在日常生活和职业规划中的价值。模拟活动强调实际应用，语言不仅是文字符号和语法系统，而且是与人交流和解决实际问题的工具。同时，这种教学模式激发了学生的批判性思维，教会他们在多变的环境中做出决策和解决问题。例如，教师可以设计一个虚拟情景，学生在这一情景中扮演旅行社顾问的角色，负责解决模拟游客的各种问题。在这个过程中，学生需要使用英语进行沟通，如解释旅行路线、推荐当地的文化活动、解决临时发生的问题（如预订取消、天气变化等）。这种教学方法不仅丰富了课堂教学，而且为学生的个人发展和职业发展提供了有力的支持。

第二节 高职英语项目式学习模式

随着经济全球化和文化多元化的发展，英语教学的目标和方法经历着相应的变革，特别是在高等职业教育领域，英语课程不仅关注语法和词汇的教授，而且致力于培养具有全球竞争力和跨文化交流能力的专业人才。在这个背景下，项目式学习成为一种非常适用的学习模式。项目式学习模式不仅强调学习者在参与项目过程中搜集资料、积累知识，而且注重培养学生参与项目的积极态度与合作精神，进而提高学生的综合语言运用能力，促进学生的全面发展。

一、项目式学习模式概述

项目式学习活动往往围绕着具有一定挑战性的项目主题展开，主题的选定往往来自真实的环境，依托某一学科理论，并在活动过程中体现多学科交叉的思想。项目式学习以学习、研究学科的概念和原理为中心，学生通过参与活动项目的调查和研究来解决问题，以建构自己的知识体系，并运用到现实社会。

项目式学习是一种学习模式，它不仅突破了传统教学模式的局限性，而且提供了更加动态的学习环境。这种学习模式强调从实际问题和情景出发，通过多角度、多层次的探究和应用，实现知识的深化和技能的提升。在这一模式下，学生成为学习的主体和参与者，而非单纯的信息接收者。他们通过参与一个或多个具有挑战性的项目，运用和检验自己所学的知识和技能。

二、项目式学习模式的特征

（一）真实的学习环境

在项目式学习模式中，真实的学习环境能让学生将所学知识应用到实际情景中，从而加深对学科内容和实际运用的理解。例如，在"环保"主题项目中，学生需要亲自去社区调查，或者与当地的环保组织进行合作。这样的实践活动不仅能增强学生的参与感和投入度，而且能让他们在真实环境中观察、分析和解决问题，激发学习的兴趣和探究的欲望，使他们在实践中快速地吸收和应用新知识。

（二）不同的侧重点

项目式学习允许教育者根据学生的特定学习需求设定项目。高级课程的学生需要一个复杂和深入的项目来挑战他们的批判性思维和解决问题的能力，而初级课程的学生需要关注基础知识和基本技能的培养。一个好的项目应该能够适应多样化的学习需求，同时有明确的侧重点，以确保学生达到预定的学习目标。

（三）实用性和可操作性

项目式学习注重实用性和可操作性，这意味着所有的学习内容和活动都应与现实世界有紧密的联系。在完成项目的过程中，学生不仅要了解相关的理论知识，而且要学会将这些理论应用于实际问题。例如，在一个关于健康饮食的项目中，学生需要研究不同食物对人体健康的影响，然后设计一个合理的饮食计划。在这一过程中，他们不仅要了解营养学、生物学等相关理论，而且要读懂食品标签、学会制作健康食谱等。这种实用性和可操作性的学习模式能让学生在完成学习任务的同时，更好地掌握解决问题的方法和技巧。

（四）现代信息技术的应用

项目式学习模式应用的现代信息技术，如互联网技术、虚拟现实技术，为学生提供了丰富的学习资源。例如，在一个有关气候变化的项目中，学生可以利用地理信息系统分析全球气温和降水量的变化。这不仅加深了他们对专业软件的了解，而且提高了他们在实际工作环境中的应用能力。信息的丰富性带来了一定的挑战：学生需要具备辨别和筛选信息的能力。在这一过程中，学生的自主学习和判断能力得到了很好的锻炼。

（五）学生为学习主体

项目式学习模式把学生当作学习主体，旨在激发他们的学习积极性和主动性。项目主题的选择和最终成果的呈现都是围绕着学生的兴趣和需求来进行的。例如，在一个关于社会问题的项目中，学生需要研究自己所关心的问题，如养老问题、医疗问题等。这种以学生为中心的教学模式不仅能增强学习的投入度，而且能有效培养他们的自主学习能力和问题解决能力。

三、项目式学习模式的意义

项目式学习是在传统学习模式下发展出来的新的学习模式，它的意义体现在以下几个方面。

（一）知识体系建构与智力拓展

项目式学习不仅是一种信息和知识的获取方式，而且是知识体系建构的过程。学生通过亲身参与项目的各个阶段，获得碎片化信息的复杂体验。这一过程促使他们不断对新获得的知识进行分析和整合，进而形成一个知识体系。同时，由于项目通常是多维度和跨学科的，学生需要运用多种思维方式和方法，如批判性思维、分析性思维、创造性思维，这拓展了他们的智力范畴。

（二）自主学习与责任感的培养

与传统的教学模式相比，项目式学习更注重学生的主观参与。学生不仅可以根据自己的兴趣和需求选择项目主题，而且可以自行规划学习过程、制定解决问题的策略。这种自主性不仅增强了学生的学习动机，而且培养了他们的责任感和自我管理能力。

（三）合作能力与团队精神的强化

项目式学习往往需要团队合作来完成。在这一过程中，每个学生都扮演着重要的角色，需要与其他成员密切协作，以达成共同目标。这种合作经验不仅能够培养学生的沟通能力和协调能力，而且有助于他们认识到团队精神的重要性。这些"软技能"在未来的职业生涯中将是非常宝贵的资产。

（四）情感能力与社会适应性的提升

在项目式学习中，除了知识和技能的积累外，学生还会提升自己的情感能力。项目通常涉及多方利益相关者和复杂的社会问题，学生需要学会在不同的社会和文化背景下有效地沟通和解决问题。这不仅增强了他们的社会适应性，而且让他们明白如何在多元化的环境中保持敏感性和包容性。

四、信息化手段助力项目式学习模式

当今时代，信息技术的发展为学生的学习活动提供了丰富的资源和充分的选择空间，而项目式学习以任务的形式呈现学习内容，能够锻炼学生的思维能力和自主学习能力。信息化手段助力项目式学习模式的应用不仅能够发挥项目式学习本身的优势，而且能丰富项目类型，增强学习的多样性，为学生创造掌握学习内容的有利环境。

（一）信息化手段助力项目式学习模式的类型

在高职英语教学中，信息化手段助力项目式学习模式的类型可分为以下两种。

1. 基于信息技术的自主探究模式

在高职英语教学中，采用基于信息技术的自主探究模式开展教学活动的目的是提高学生的英语语言应用能力。在分析该模式的运行原理之前，需要了解该模式的构成要素。基于信息技术的自主探究模式的构成要素包括学生、语言任务、参考资料、教师，如图 5-2 所示。

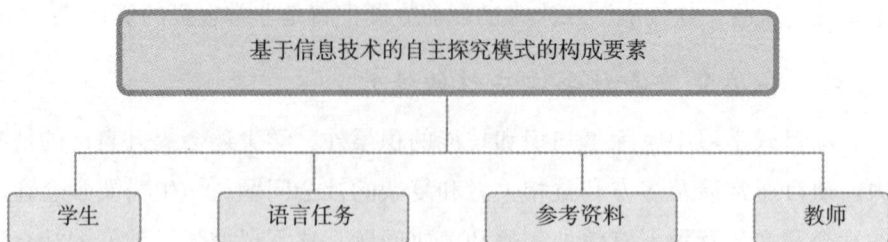

图 5-2　基于信息技术的自主探究模式的构成要素

基于信息技术的自主探究模式是一种现代科技与教育理念结合的先进教学方式，特别适用于需要实际应用和自我驱动学习的领域。在这一模式下，教师不仅是知识的传递者，而且是学生的引导者和协助者。首先，教师布置与高职英语相关的项目任务，如"如何用英语进行商务谈判"或者"撰写英语商务报告"。其次，教师提供一系列工具和方法。

信息技术发挥着至关重要的作用。例如，学生可以通过专门的在线平台获取任务详情、提交成果，并参与在线小组讨论。这样的平台可以接入各种在线数据库和参考资料，使学生能够方便搜集与项目相关的信息。同时，该模式允许学生在教师的监督下使用各种在线语言评估工具，了解自己的语言水平和提升空间，从而更有针对性地进行学习。例如，准备英语商务演讲稿时，学生可以使用语言分析软件检查词汇、语法和句型是否标准。

这种基于信息技术的自主探究模式具有高度的灵活性和个性化，使得学生能在相对真实的语境中进行实践，并且在教师的针对性指导下不断调整和优化学习策略。这不仅提升了学生的高职英语水平，而且培养了自主学习能力和问题解决能力。

2. 基于信息技术的任务合作模式

基于信息技术的任务合作模式的构成要素包括学习小组、语言任务、参考资料、教师，如图 5-3 所示。

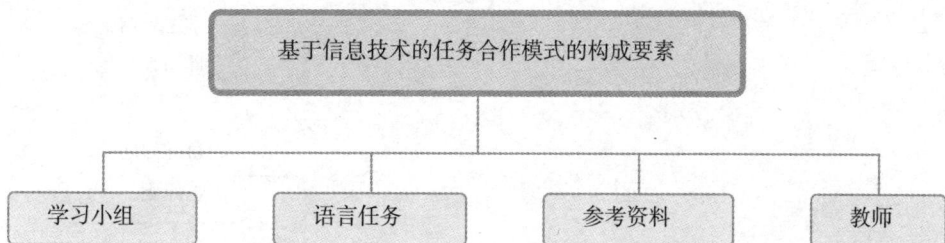

图 5-3　基于信息技术的任务合作模式的构成要素

与基于信息技术的自主探究模式不同，基于信息技术的任务合作模式是以学习小组的方式展开的。在这一模式下，学生通过在线平台形成小组，相互配合、共同完成教师布置的与旅游业相关的实际任务，如英文版旅游指南的设计、旅游路线解说词的编写、突发事件的处理等。

教师通过在线教育平台布置任务、提供资源和设置评估标准。学生小组则利用这些数字工具进行分工、制定时间表、搜索英文资料、编写和修改项目内容。对于突发事件的模拟任务，如"用英语解释和处理飞机延误或旅游安全问题"，学生可以使用在线模拟软件，创建实际场景。

在项目的实施过程中，小组成员需要用英语进行沟通和讨论，不仅锻炼了英语应用能力，而且提高了团队协作和跨文化沟通的能力。教师需要密切关注小组的进展，及时解决出现的问题，确保项目顺利完成。通过信息技术平台，教师和学生可以进行项目的阶段性评估和最终评价，这不仅能让学生明确自己在项目中的不足，而且能让教师了解教学方法的有效性。

（二）信息化手段助力项目式学习模式的实践

在具体的教学实践中，信息化手段助力项目式学习模式的各项操作需要科学的教学原则和有效的教学方法。

1. 信息化手段助力项目式学习模式的实践原则

为了有效地利用信息化手段、加强项目式学习模式的实施，教师需要遵守与信息技术教学和项目式学习相关的基本准则。简而言之，信息化手段助力项目式学习模式的实践需要围绕以下几个关键原则展开，如图 5-4 所示。

学生导向
性原则

目标导向
性原则

信息化手段助力项目式学习模式的实践原则

情境性和
交流性原则

情感与合作
学习原则

系统性与
科学性原则

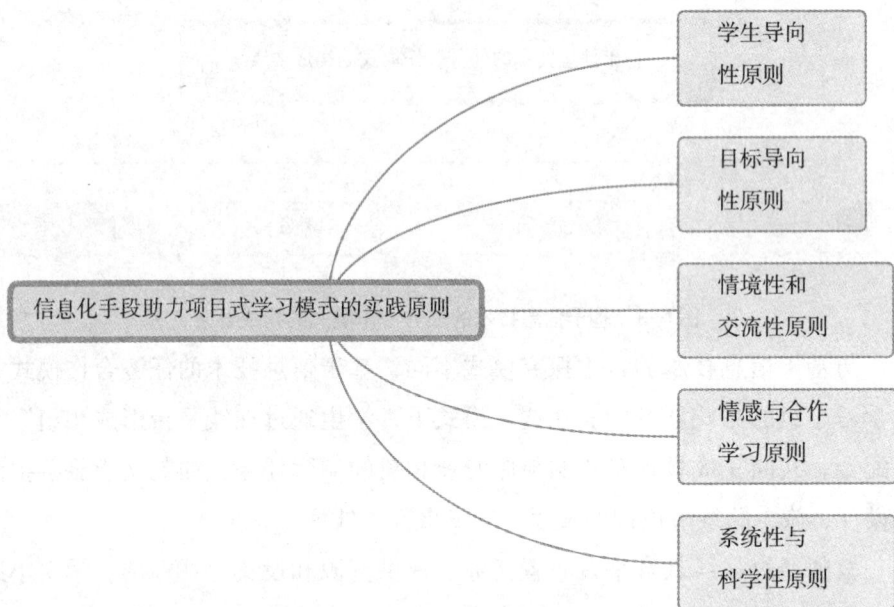

图 5-4　信息化手段助力项目式学习模式的实践原则

（1）学生导向性原则。在项目式学习模式中，信息技术不仅是一种工具，而且是一种增强学生个性化学习的途径。在旅游英语学习过程中，信息化手段（如虚拟现实技术）可以模拟真实的旅行情景，让学生在接近现实的环境中练习语言。这样的实践不仅贴近学生的生活，而且考虑到不同的学习需求和兴趣，允许学生在项目中自我调整和自我驱动。学习内容和学习速度都可以根据学生的实际需求和反馈进行调整，使他们以更加积极和自主的心态参与学习。

（2）目标导向性原则。信息化手段助力的项目式学习必须明确和符合整体的学习目标。例如，在旅游英语学习中，如果学习目标是提高学生在不同文化和社交情景中的交流能力，那么项目设计应包括模拟跨文化交流的各个方面。教师可以使用信息技术收集和分析数据，以了解学生在项目实施过程中是否达到了这些目标，并据此进行教学活动的调整。

（3）情景性和交流性原则。现代信息技术手段和平台为项目式学习提供了丰富的情景和交流机会。例如，在旅游英语学习过程中，教师可以设计一个项目，要求学生使用英语在虚拟社交平台上与模拟的当地人进行互动。这样的项目能让学生在接近真实的环境中应用语言技能，同时有助于培养跨文化沟通能力。这一点符合英语教学的最终目标，即使学生能在多样文化和语境中有效地使用英语。

（4）情感与合作学习原则。情感（如学习动机、学习态度、兴趣爱好、注意力等）是影响学习质量的重要因素。通常情况下，积极的情感能够促进学习活动的开展，而消极的情感则会阻碍学习活动的进行。信息化手段助力项目式学习模式的实践能够激发学生的学习动机，提高学生学习英语的主动性与创造性，从而提升学生的英语学习兴趣。在现代信息技术的帮助下，英语语言知识以更加丰富、多样的方式呈现出来，这有利于学生对英语知识与技能的理解和吸收。与此同时，教师需要有意识地加强与学生之间的情感沟通，并教给学生一些具体的、易操作的合作学习方法，从而促进学习项目的完成，增强项目式学习的学习效果。

（5）系统性与科学性原则。学生英语语言能力的提升不是一蹴而就的，而是一个循序渐进的过程。在这个过程中，学生需要使用科学的、系统的学习方法，不断理解和练习需要掌握的语言知识和技能，因此信息技术与项目式学习模式融合应用的实践也要遵循系统性和科学性的原则。例如，在旅游英语教学中，教师可以设计一个多阶段的课程项目，包括旅游业务、文化背景、语言技能等方面的训练。第一阶段，集中学习基础单词和短语，通过在线课程和移动应用进行自主学习；第二阶段，通过模拟旅游咨询和宣传活动运用这些单词和短语；第三阶段，完整体验虚拟旅游，综合运用已学知识和技能。这种系统性的方法可以确保学生在项目式学习的各个阶段都有明确的学习目标，并通过信息化手段进行持续的自我评估和反思，从而实现英语知识和技能的科学递进。

2. 信息化手段助力项目式学习模式的实践方法

在信息技术与项目式学习模式融合应用的实践中，有以下几种操作方法，如图 5-5 所示。

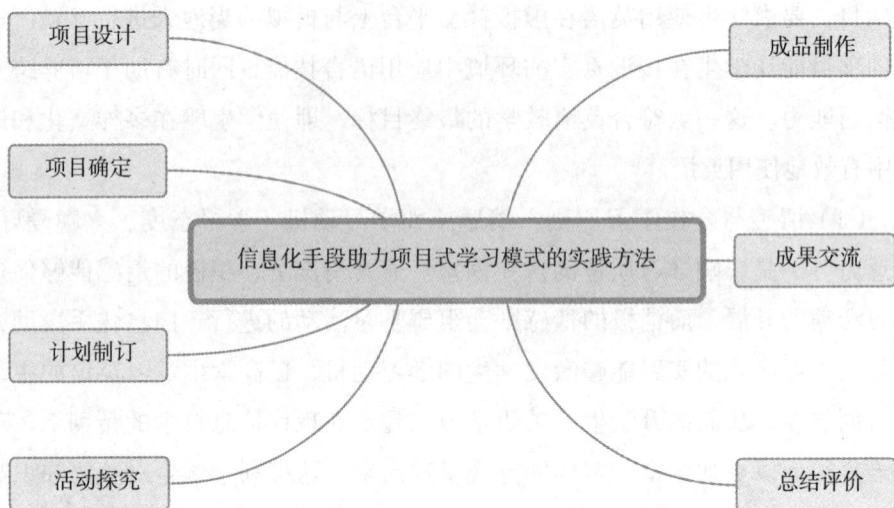

图5-5 信息化手段助力项目式学习模式的实践方法

（1）项目设计。项目设计是信息技术与项目式学习模式融合应用的实践基础，项目设计需要教师在研究教学目标和教材内容、搜集教学资料的基础上进行。具体来说，教师需要使用现代信息技术搜集和整合教学资源，并基于教学目标进行学习资料的组织与加工，然后开始建构线上及线下的学习项目。

（2）项目确定。项目确定是信息技术与项目式学习模式融合应用的关键步骤，项目确定需要教师充分利用现代信息技术创设语言学习的场景、搜集用于语言学习的资料，并通过网络在线平台与学生进行沟通与交流，了解学生的学习兴趣和基础水平，激发学生对项目学习的主动性。学生在教师的引导下初步了解项目的概念，明确项目的要求。

（3）计划制订。在计划制订环节，学生在教师的指导下分成不同的学习小组，并明确项目完成的要求与形式，初步了解项目包含的任务。在相互交流与探讨的过程中，教师和学生可以共同制订项目计划，分析项目完成需要的程序和步骤，并确定不同阶段的任务、方法等细节问题。

（4）活动探究。在项目实施的活动探究环节，教师需要为学生提供一些学习资源，并根据学生的表现给予不同程度的指导。学生利用现代信息技术接收和浏览学习资源，并与小组成员合作完成项目。在这一过程中，教师需要对组内成员的学习状态进行观察和调控，从而为后续的评价积累资源。

（5）成品制作。学生可以通过使用不同的信息技术和设备对项目式学习的成果进行制作和展示，如情景剧、微视频、幻灯片等。在成品制作环节，学生可以通过互联网学到一些制作技术和制作知识，如幻灯片中的动画效果、声音效果，微视频中的视频剪辑技术、配音技术等，进而根据不同的项目要求对收集到的资料进行加工。

（6）成果交流。项目完成后，教师统一组织项目小组进行学习成果的汇报展示。小组成员需要汇报项目完成的计划、合作情况、完成情况、最终成果等。成果交流的方式多种多样，如通过多媒体课件、视频播放软件等展示成果。通过举办成果交流活动，各项目小组成员能够相互学习、共同进步。

（7）总结评价。教师在信息技术与项目式学习模式融合应用的实践过程中发挥着重要作用。例如，教师评价学生的项目完成情况、引导学生进行自我评价或展开小组之间的互相评价。总结评价能够帮助学生进一步了解自己在项目完成过程中的表现，同时看到其他小组成员的优异表现，增强英语学习的信心与决心。

第三节　高职英语自主学习模式

一、自主学习模式概述

以维果茨基（Vygotsky）为代表的维列鲁学派认为，自主学习本质上是一种言语的自我指导过程，是个体利用内部言语主动调节学习的过程。[1]

以弗拉维尔（Flavell）为代表的认知建构主义学派认为，自主学习实际上是元认知监控的学习，是学生根据自己的学习能力、学习任务的要求，积

---

[1] 维果茨基.维果茨基全集第6卷：教育心理学 [M].合肥：安徽教育出版社，2016：151.

极主动地调整学习策略和努力程度的过程。①

查莫特（Chamot）认为，自主学习强调元认知、动机、行为等方面自我调节策略的运用；强调自我定向的反馈循环，自主学习者能够监控自己的学习效果，并根据这些反馈反复调整自己的学习活动；强调自主学习者知道使用某种特定的学习策略，或者做出合适的反应。②

董奇认为，自主学习与他控学习相对，是学生为保证学习成功、学习效率提高、学习目标实现，而不断地计划、监察、检查、评价、反馈、控制和调节的过程。③

余文森认为，自主学习就是自己主宰自己的学习，其实质是独立学习。自主与他主相对，它们的分水岭是学生主体性的确立；自主学习具有能动性、超前性、独立性、异步性等特征。④

进行自主学习的学生具有内在的学习动机，并且能够明白自己的学习目标；能理解教学的目的和方法；能选择适合自己的学习策略，并监督自己的学习过程；能管理自己的学习时间和学习进程；能营造出适合自主学习的环境；能预知学习结果，并评价自己的学习过程、学习成果。自主学习的宗旨是培养学生树立自主学习的意识，引导学生掌握学习方法，让学生自主学习。

二、自主学习模式的心理机制

根据系统理论，自主学习可从两个不同的方面来解读：一系列动态活动和持久的个体能力。一方面，自主学习是一个不断适应和变化的过程，由一连串的子任务和操作组成。这种角度有助于教师更好地组织和引导学生的学习活动。另一方面，自主学习被视为稳定的能力或技能。这种能力有其固有

---

① FLAVELL J H. *Cognitive Development*[M]. New Jersey: Prentice-Hall Inc., 1985: 16.

② O'MALLEY J M, CHAMOT A U. *Learning Strategies in Second Language Acquisition*[M]. Cambridge: Cambridge University Press, 1990: 25.

③ 周勇，董奇. 学习动机、归因、自我效能感与学生自我监控学习行为的关系研究 [J]. 心理发展与教育，1994(3): 30-33, 15.

④ 余文森. 略谈主体性与自主学习 [J]. 教育探索，2001(12): 32-33.

的结构和组成要素，需要长期的培养和发展。从这个角度看，自主学习不是短期内就可以达成的，而是需要持续的努力和时间投资。自主学习的这两个层面有助于教师更精准地设计课程和教学方法，从而更有效地促进学生的学习进步。

（一）班杜拉的自我调节模型

班杜拉（Bandura）是心理学领域自我调节研究的先驱，他在 20 世纪 90 年代提出了自我调节模型。该模型主要由三个核心环节组成：自我观察、自我评估和自我反馈。这个理论受到了广泛的关注，并成为自主学习机制的理论基础。在班杜拉的模型中，自我观察、自我评估和自我反馈三个环节的成功执行不仅促进了个体行为的调节，而且为教育者提供了策略，以设计更有针对性的教学活动。同时，这一模型启示如何在个体和环境之间建立有效的互动，以优化学习效果。

（二）麦考姆斯的自主学习框架

麦考姆斯（Mcombs）在 20 世纪 80 年代末推出了自主学习的理论模型。他强调自主学习能力与个体的"自我系统"紧密相关。这个"自我系统"不仅是自主学习能力形成的基础，而且在学习过程中起着关键作用。学生自主学习能力的提升需要两方面的工作：一是增强学生对自身能力的认识和信念；二是教授和训练有效的自我调节过程。在麦考姆斯的理论中，"自我系统"被看作是一个多层次、多维度的结构，包括自尊、自我效能、学习目标等多个方面。因此，教育实践不仅要关注学生的学术表现，而且要关注他们的情感、心理和社交发展，这样才能提升学生的自主学习能力。

（三）查莫特的自主学习过程理论

查莫特是自主学习领域中社会认知学派的重要人物，他的理论模型是在班杜拉的自我调节理论上建构的。与其他类型的学习相比，自主学习不仅受到个体、行为和环境三者的综合影响，而且特别突出了学习者主体性的角色。这意味着在自主学习中，学习者不仅需要依据外界反馈调整学习行为，而且需要主动控制和调节自己的学习过程。

在查莫特的视角下，自主学习过程被细分为三个阶段：计划、执行和反思。每个阶段都有各自的复杂内部机制。在整个流程中，学习者需要具备主动学习的态度或心理状态。要想实现真正的自主学习，学习者需要满足两个基础条件。首先，学习者需要有自主学习和自我提升的强烈愿望，这可以概括为"想学"。其次，学习者需要具备足够的学习策略和学习方法，也就是所谓的"会学"。

在查莫特的模型中，学习者的"想学"和"会学"不是两个孤立的条件，它们在实际应用中相互影响和促进。查莫特的三个阶段模型暗示了教育者可以更有效地促进学生的自主学习。在计划阶段，教育者可以引导学生设定明确和可实现的目标；在执行阶段，教育者可以提供具体的反馈和策略，以便学生根据需要调整学习方法；在反思阶段，教育者可以和学生一起总结经验，以便学生进行更有效的学习。

三、自主学习模式的特点

自主学习模式具有以下三个方面的突出特点，如图 5-6 所示。

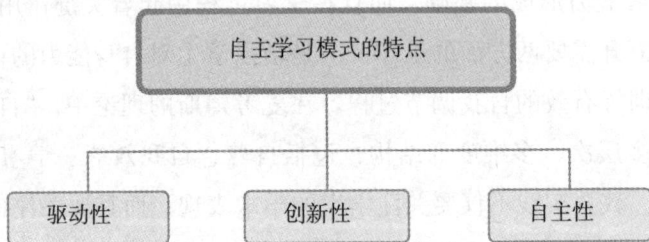

图 5-6　自主学习模式的特点

（一）驱动性

自主学习并非一个被动接受信息的过程，而是一个由学习者内在驱动性引领的主动过程。这种内在驱动性可以细分为目标定向、选择自由和自我调整三个方面。在开始学习的初级阶段，学习者有一个明确的目标或愿望，这个目标通常源自个人的内在兴趣或外部激励，但最终是学习者自己认同并愿意追求的。随后，学习者在接触信息、选择学习材料和方法等方面有更大的自主权。在学习过程中，学习者能够根据实时反馈调整自己的学习策略或行为。在这个框架下，教育者的角色从传统的"教"转变为"引导"。教育者不再是单一的知识传递者，而是引导者和协助者，他们鼓励学生明确目标、做出选择，并在学生遇到困难时，提供反馈和建议。

（二）创新性

自主学习不仅是已有知识的吸收和复制，而且是一种创新和重新构建知识体系的过程。在自主学习中，学习者需要从自己的视角对新获得的信息进行解释和整合，这个过程是知识创新和个性化的体现。这种知识创新不仅体现在学科知识层面，而且体现在跨学科的综合运用层面。例如，项目式学习就是一种强调创新和自主性的教学模式。在这种模式下，学生需要综合运用多种学科知识，解决实际问题。这不仅能够加深学生对基础知识的理解，而且能锻炼他们解决问题的能力和创新思维。

（三）自主性

与传统的教育模式相比，自主学习模式更加强调个体的独立思考能力和问题解决能力。在自主学习中，学习者不仅可以自由选择学习内容和方式，而且可以参与问题识别和解决的过程。这种参与不仅锻炼了学习者的独立思考能力，而且提升了其解决问题的能力。实际上，许多现代教育理念，如翻转课堂、协作学习等，在不同程度上强调了学生的自主性和问题解决能力。这些教育模式鼓励学生在课堂外预习和查找资料，在课堂上讨论和解决问题。

四、自主学习模式的意义

在当今时代，采用互联网信息技术、多媒体技术等信息化手段开展自主学习的意义可从以下三个角度分析，如图5-7所示。

```
┌─────────────────────────────┐
│        自主学习模式的意义        │
└─────────────────────────────┘
```

化被动学习 为主动学习	培养学生的元 认知监控技能	化引导学习 为独立学习

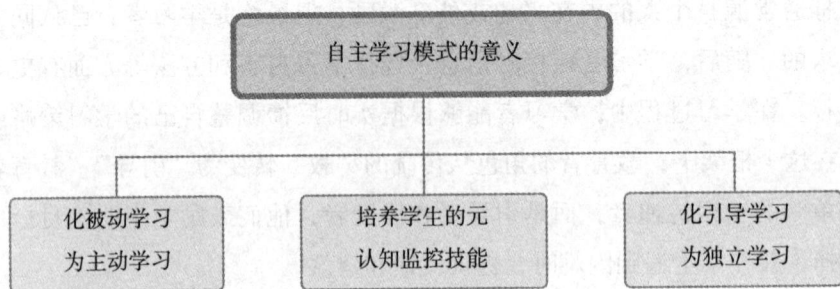

图 5-7　自主学习模式的意义

（一）化被动学习为主动学习

在信息化时代，自主学习模式变得越来越重要。与传统的被动学习模式不同，在这一模式下，学生更加主动，拥有更强的个人意识和学习需求。信息化手段能激发学生的学习兴趣、增强学生的学习责任感。

1. 兴趣驱动学习

信息化手段为学生创造了多元化和富有创意的学习氛围。这种学习环境不仅具有广泛的教学资源，而且能根据学生的不同需要进行个性化调整。例如，通过在线课程和模拟软件，学生可以选择与自己兴趣相符的主题和项目。这种方式不仅加强了学生对特定主题的深入了解，而且让他们在学习过程中产生了探索和实验的欲望。学生一旦因兴趣而投入学习中，就更容易从"必须学习"转向"愿意学习"，从而自然地转变为自主学习的主体。这不仅有助于提高学生的学习效率，而且能在很大程度上增强他们的创造性和解决问题的能力。

2. 提升学习责任感

在自主学习模式下，学生被视为教育经历的主人和负责人。这一模式鼓励学生不仅关注学科知识本身，而且要将其与自己的生活经验和未来规划进行综合。当学生认识到学习不是为了应付考试或满足家长和老师的期望，而是个人成长和社会适应能力提升的重要途径时，他们自然会认真对待学习任务。通过在线博客、社交媒体或者专门的学术平台，学生可以将自己的研究成果或观点发布到网络上，与同龄人或者专家进行互动和讨论。这种通过信息化手段实现的责任感提升，有力地推动了学生从被动学习者转变为主动的知识创造者和传播者。

（二）培养学生的元认知监控技能

自主学习不仅涉及信息的吸收和处理，而且涉及学习者对学习过程的理解和管理。其中的核心就是元认知技能，也就是学习者对学习方式、学习状态和学习目标的认识和掌控。

在自主学习的环境下，学生在开始学习前需要设定明确的目标、选择合适的学习资源。信息化手段提供的便利平台，帮助学生更准确地识别他们的需求、找到适当的资源。这种方式鼓励学生主动参与学习过程，自我管理学习节奏，随时调整学习策略。在学习过程中，元认知技能允许学生进行自我观察和自我监控。例如，如果学生在网络上遇到了与学习目标不符的信息，他们可以利用元认知技能重新定位自己的目标。信息技术可以提供反馈和数据分析，帮助学生更好地了解自己的学习进度和学习状态。

学生需要对自己的表现进行反思和评价。信息化手段提供了多种自我评价工具，从简单的在线测试到复杂的模拟场景，帮助学生更准确地了解自己的优点和不足。这种自我评价和反思不仅针对某一个特定任务，而且可以转化为学生日后学习和解决问题的宝贵经验。简而言之，信息技术不仅丰富了学生的学习资源和工具，而且进一步促进了元认知技能的发展。这些技能不仅使学生自主和有效地学习，而且为他们的职业生涯规划和个人发展奠定了坚实的基础。因此，教师要积极鼓励和培养学生的信息素养，鼓励学生学习的主动性、独立性，促进信息技术与自主学习方式的融合，培养学生的学习兴趣及学习责任，养成良好的学习习惯，使学生的学习更主动、独立、愉快、有效。

（三）化引导学习为独立学习

学习不仅是一个信息接收和处理的过程，而且是个体心理和行为活动的综合体现。在这一过程中，主动性和独立性起到了不可或缺的作用。主动性主要体现在学习者对学习的内在驱动上，即"我要学"，而独立性关注学习者在没有外界引导的情况下完成学习任务的能力，即"我能学"。

主动性往往源于学习者对学习内容的兴趣或者对某个目标的渴望。当学生愿意学习时，他们更容易集中注意力，并通过不断的努力实现目标。这种从内而外的驱动力有助于学生更深入地参与学习，产生长效学习的动机。然而，主动性并不能完全代表学习能力的全貌。独立性强调在缺乏外部引导或支持的情况下，学生能够依靠自己的能力完成学习任务。这是一种更为深层次的自我管理和自我激励。学生内心都有一种愿望，那就是自己有能力在没有任何人帮助的情况下独立完成学习任务。这种独立性不仅是自主学习能力的体现，而且是个体自信和自尊建立的重要途径。

独立性和主动性并不是孤立的，它们在学习过程中相互作用、相互影响。具有高度主动性的学生更容易发展出高度的独立性，他们早已具备驱动自己学习的内在动机。具有独立学习能力的学生更容易培养出强烈的学习主动性。他们发现自己有能力独立完成任务，这种成功体验反过来强化了他们的主动性。

基于互联网信息技术的计算机网络能呈现出生动形象、直观现实的知识，能帮助学生理解知识的构成、体系及其中的重难点内容，从而帮助学生快速掌握知识。与此同时，网络提供的超链接功能能使各个知识点之间建立了逻辑严密的系统，因此学生可以根据自己的学习需要和学习兴趣选择相关的知识。此外，网络具有的交互性可以帮助学生提出疑问、寻找答案、寻求帮助、解决问题，从而在合作环境中掌握知识。在网络在线学习中，教师需要尊重学生的学习独立性，鼓励学生发现问题、研究问题、解决问题，从而锻炼他们独立学习的意识和能力。

五、信息化手段助力自主学习模式

在高职英语教学中，现代信息技术提供了一系列工具和平台，以支持学生的自主学习。然而，这一教学模式的成功实现不仅取决于学生的主观能动性和心态，而且取决于教师的积极指导。具体而言，在这个信息技术和自主学习融合的框架内，教师需要关注以下几个方面的内容。

（一）监管自主学习行为

我国的学生从小是在传统教学模式下开展学习的，而传统教学模式的最大特点是教师为学生制订好了学习计划，并监督学生的学习进度、检测学生的学习成果。因此，学生只需要完成教师安排的学习任务，不需要过多地思考如何开展自主学习。进入高职之后，学生在课堂上学习的时间变少了，自主安排学习的时间变多了。虽然自主学习强调学生的独立性和自主性，但在学习过程中，教师仍然需要对学生的进度和行为进行适度监控。这不仅可以确保学生朝着教学目标前进，而且可以及时发现和解决可能出现的问题。通过数字化平台，教师可以更加方便地追踪学生的学习活动，从而进行更有效的个别或群体指导。教师可以从以下几个角度出发，对学生的自主学习行为进行合理监控。

1. 培养自主学习意识和责任感

教师要帮助学生认识到学习不仅是一项任务，而且是一种个人对成长和未来发展至关重要的投资。通过各种教学活动和实例，教师可以强调自主学习的长远价值，使学生意识到这不仅是学校的要求，而且是个人成长的必要条件。教师可以定期进行自我评价和目标设置的练习，以深化学生对学习责任感的认识。

2. 填写自主学习报告

通过要求学生定期填写自主学习报告，教师能够让学生更清晰地了解自己的学习进度、优点和不足。这些报告为教师提供了宝贵的数据，以便更有效地进行个别化教学，同时也能让学生更有目的地参与学习活动。

3. 制订个性化的学习计划

教师应引导学生根据自己的特点和需要制订明确、可行的学习计划。教师可以提供模板或工具，帮助学生进行这一活动，并通过定期的检查和讨论确保计划的执行。这不仅能帮助学生更有效地学习，而且能提高他们的自我管理能力。

4.布置合作学习任务

教师可以通过设计合作学习活动，如小组项目或研究，让学生实践自己的学习目标。在这些活动中，学生需要分组和分配角色，以共同完成任务。这种方式不仅增强了学生的团队协作能力，而且让他们在实践中明确和细化自己的学习目标。

5.进行阶段性评估

现代教育技术提供了多种学习管理系统和工具，教师可以利用这些工具，实时监控学生的学习进度。通过设置阶段性的测试和评估，教师不仅可以检查学生是否达到了既定目标，而且可以及时调整教学策略，以满足学生的需要。

6.组织学习经验交流活动

定期举行的学习经验交流活动能够增进教师与学生之间、学生与学生之间的互动。在这样的活动中，参与者可以分享自主学习过程中的心得，从而互相激励。这不仅能加强学生对自主学习重要性的认识，而且能提供一个平台，让学生从他人的经验中获取灵感和动力。

（二）培养批判性思维

网络环境的复杂性和多样性对自主学习活动来说既有有利的方面，又有不利的方面。有利的方面是为学生提供了大量的学习资源和新颖的、灵活的学习方式。不利的方面是网络上的信息资料及交际环境十分复杂，学生需要用批判的眼光去分析、筛选。例如，学生在搜集、学习有关西方文化知识的过程中，难免会接触到西方文化的各种观念，事实证明这些信息对高职学生世界观、人生观、价值观的塑造会产生一定的影响。面对这些文化价值理念的输出，教师要引导学生用批判性的思维思考、鉴定，并采用目标性策略、情景性策略、互动反思策略等培养学生的批判性思维能力。

1. 创设多元文化讨论环境

在教学过程中，教师有责任创造多元文化讨论环境。教师不仅应教授学生不同文化背景下的基础知识，而且应激发学生的批判性思维，让他们从多角度和多层次审视不同文化的交互。例如，教师可以设计一个关于"文化相对主义和文化普遍主义"的课堂讨论活动。在准备阶段，教师可以提供西方哲学家伊曼纽尔·康德（Immanuel Kant）和东方教育家孟子的观点。在讨论过程中，教师可以进一步提出问题，如"康德的普遍伦理观念是否适用于所有文化"或者"孟子的仁爱观念在西方文化中有无应用场景"，使学生不仅能接触到不同的文化元素，而且能通过批判性地思考问题，更深入地了解文化间的碰撞与融合。

2. 分析真实案例

通过分析真实的文化冲突或融合案例，能引发学生的思考，并能更直观深入地感受到文化的差异性和复杂性。以全球快餐业为例，教师可以让学生研究麦当劳在不同国家的经营策略。在美国，麦当劳强调便捷和高效；在中国，麦当劳注重食物的品质和口感。学生可以通过对比分析这两种截然不同的经营模式，进一步思考文化对商业战略的影响，以及文化差异的平衡或调和。这种从商业角度出发的文化案例分析能够激发学生对文化多样性和文化影响的深入思考。

（三）加强自我效能感

自我效能感是一种心理状态，即个体对自己能否成功执行或完成某一具体任务的自我评价。不同于一般的自尊或自信，自我效能是针对特定行为或任务的。换句话说，一个人在某一方面可能有很强的自我效能感，但在其他方面却没有。高自我效能学习者与低自我效能学习者在学习特征方面的差异如表5-1所示。

表5-1 不同自我效能学习者的学习特征

学习特征类型	高自我效能学习者	低自我效能学习者
任务定向	接受有挑战性的任务	回避有挑战性的任务
努力	为了完成挑战性任务，愿意付出更多努力	不愿意为了完成挑战性任务付出更多努力
意志力	不达目标不罢休	达不到目标，自动放弃
信念	相信自己能控制学习环境；没有完成任务时，能控制自己的焦虑与紧张；相信自己会取得成功	没有能力改变环境；没有完成任务时，感到紧张、焦虑
策略运用	放弃无效的学习策略	坚持无效的学习策略
成绩	成绩较好	成绩较差

1. 任务选择与自我挑战

具有高自我效能感的学生更愿意接受一定程度的挑战性任务。这样的选择不仅促使他们拓展学习的边界，而且有助于在解决问题和完成复杂任务的过程中获得更多技能和知识。

2. 目标设定与自我管理

高自我效能感使学生更有可能设定更高和更具挑战性的目标，他们通常具有更好的自我调整和监控能力，能准确评估自己的学习进度，并在需要的时候灵活地调整学习策略和学习计划。

3. 学习策略选择与调整

高自我效能感的学生在学习过程中更具策略性。他们不仅会根据任务需求选择合适的学习方法，而且感觉到当前策略不奏效时，能迅速调整或更换新的学习策略。与此相反，低自我效能感学生往往陷入一种"固定思维"，面对效果不佳的学习策略往往缺乏尝试新方法的主动性。

　　针对以上自我效能感在自主学习中发挥的作用，教师可以从三个方面帮助学生加强自我效能感：教师可以帮助学生制定学习目标，选择学习方法；可以帮助学生分析学习问题，引导学生开动脑筋；可以给予学生充分的指导和关怀。

　　基于现代信息技术的自主学习模式既是时代发展的必然结果，也是英语教学改革和英语人才培养的有效途径。教师在这一过程中应该改变传统的角色设定，发挥组织和引导作用。学生应该明确自己在自主学习中的责任与任务，提高学习的积极性与主动性。

第四节　高职英语游戏化学习模式

一、游戏化学习模式概述

　　游戏化学习是一种将学习内容和学习目标整合到游戏设计和游戏机制中的学习策略。这种学习方式把课程的吸引力和参与度提升到一个全新的水平，使得学习过程变得更加生动和高效。游戏化学习不是教育内容与游戏内容的简单融合，它充分考虑了教育目标、学习动机和用户体验。

　　游戏化学习通常会用到多种游戏元素，如积分、徽章、排行榜等，以激发学习者的兴趣和参与度。同时，这些元素可以作为即时反馈机制，帮助学生和教师了解学习进度和学习效果。除此之外，游戏化学习还经常使用虚拟场景和情景模拟，以提供更加真实的学习体验。游戏化学习强调自主学习和团队协作。通过问题解决、任务导向等游戏活动，学生不仅可以获得知识和技能，而且能在实践中强化自己的批判性思维。与此同时，很多游戏化学习活动都是以团队的形式进行的，这不仅能培养学生的团队合作能力，而且能让他们在多元文化和跨学科的环境中交流和学习。

　　游戏可分为两大类：一是数字游戏；二是实体游戏。数字游戏主要依赖于电子设备和软件，如手机应用、电脑程序、虚拟现实环境。这些游戏通常具备高度互动性，能够模拟各种复杂的现实世界场景，从而促进深度学习。实体游戏是传统的、面对面的游戏方式，如角色扮演、模拟商业环境或实验室活动等。实体游戏通常侧重社交互动和团队合作，有助于培养学生的沟通能力和组织能力。

在这两种形式中，教师扮演着至关重要的角色。他们不仅需要选择适当的游戏，以达到特定的教学目标，而且需要考虑学生的心理因素。这样的人性化设计使得学生能够在一个更加轻松和积极的环境中学习，从而提高信息接收和处理的效率。

二、游戏化学习模式的特点与作用

（一）游戏化学习模式的特点

游戏化学习模式强调游戏设计元素的运用。这意味着游戏化学习并不是单纯地把游戏和教育内容堆砌在一起，而是通过精心设计游戏元素，如积分、排行榜、成就奖励，激发学生的参与意愿和学习动力，从而更好地把学习目标和游戏目标结合在一起，使学习变得更具吸引力。

游戏化学习模式强调游戏设计。游戏化学习注重游戏机制和规则的设计，并且与教学目标、学习过程紧密结合。也就是说，游戏化学习模式通过高端的图形和声效吸引学生，通过有深度的设计实现教育目标。

游戏化学习模式强调游戏元素的运用。教育者可以在不完全改变现有教学框架的情况下，逐步引入游戏化元素，从而实现渐进式的教学改革。

游戏化学习模式侧重游戏的功能性。虽然游戏通常被认为是一种娱乐活动，但是在游戏化学习中，游戏的主要目标是促进有效学习。这就要求游戏设计必须兼顾娱乐和教育两个方面，确保学生在享受游戏乐趣的同时，达到预定的学习目标。

游戏化学习模式强调非游戏环境中的适用性。也就是说，它并不局限于特定的使用目的或媒体形式。无论是线上还是线下，无论是单一媒体还是多媒体，游戏化学习都能够融入教学实践中，为教育提供更多样化、更高效的手段。

（二）游戏化学习模式的作用

游戏化学习模式的作用是多元且深远的，特别是在改善学习环境和提高学习效率方面。在传统教育模式下，课堂环境压抑，这种氛围让学生感到紧张，从而阻碍了他们的学习和参与。通过引入游戏化元素，教育场景变得更为友好和互动，从而打破了这一沉闷氛围。游戏的参与性和休闲性有助于降低学生的焦虑感，让他们更愿意主动参与学习，游戏本身就是一种鼓励探索和实验的媒介。

游戏化学习模式能强化学习者之间的社会互动和合作。很多游戏都有团队任务或者多人合作环节，如组队解决问题、合作完成项目等。这不仅能培养学生的团队合作能力，而且能让他们在实践中体验到知识和技能的应用价值。此外，游戏化学习也有助于个性化教育。通过数据分析，教师能更准确地了解学生的学习进度和偏好，从而提供更个性化的教学支持。例如，在数学游戏中表现出色的学生可能被推荐更高级的数学课程，而在语言方面有困难的学生则可能收到更多针对性的练习。

三、游戏化学习模式的核心教育价值

游戏化学习模式的核心教育价值在于学习内在动机的提升。在传统教学模式中，动机往往来源于外在压力，如成绩、老师和家长的期望。然而，游戏化学习通过引入各种元素，如积分、徽章、排行榜，触发学生的好胜心和探索欲，使他们更愿意主动参与学习。这种主动性不仅体现在特定学科知识的掌握上，而且延伸到情感、态度和价值观的培养上。例如，通过团队合作完成游戏任务，学生不仅能学到相关知识点，而且能在合作中明确团队精神和个人责任的重要性。因此，游戏动机的价值不是短期的、表面的，涉及学习过程中的个人全面发展。

游戏思维给教育带来了全新的视角。它不仅将教学内容"包装"成游戏，

而且更深入地理解游戏设计和元素，并将其运用到教学实践中。这种运用方式不局限于高科技或专门设计的教育游戏。实际上，在许多传统课堂设置中，游戏思维已经被广泛运用。例如，教师可能通过设计各种"关卡"，使课堂活动更接近游戏的体验。在这种模式下，学生不再是知识的被动接受者，而是主动探索、解决问题的参与者，有助于培养他们的批判性思维和创新能力。

游戏精神是游戏化学习最深远的教育价值。它不仅是一种方法或手段，而且是一种追求自由和本质理解的态度。在游戏化学习中，学生有机会在相对宽松和自由的环境中挑战自我、超越自我，不仅有助于从现实世界的压力和束缚中暂时解脱，而且能激发对知识和生活更深层次的理解和尊重。例如，在解决道德问题时，学生可能开始思考这些问题背后复杂的社会因素和人文因素。通过这样的体验，他们不仅收获了知识和技能，而且开始形成更为成熟的世界观。

四、游戏化学习模式的原则

游戏学习模式促进英语学习的原则是严格界定教材内容，尤其是重难点内容。游戏化学习模式必须有很强的趣味性，有比较成熟的游戏法则，有很强的竞赛性，并且在一定的机遇前提下，给参赛者发挥主观能力的空间。游戏和学习要有机地融合为一体，也就是说，在玩中学，在学中玩。简单地说，游戏化学习模式的原则主要包括目标性原则、直观性原则、多样性原则、安全性原则、鼓励性原则、针对性原则、趣味性原则，如图5-8所示。

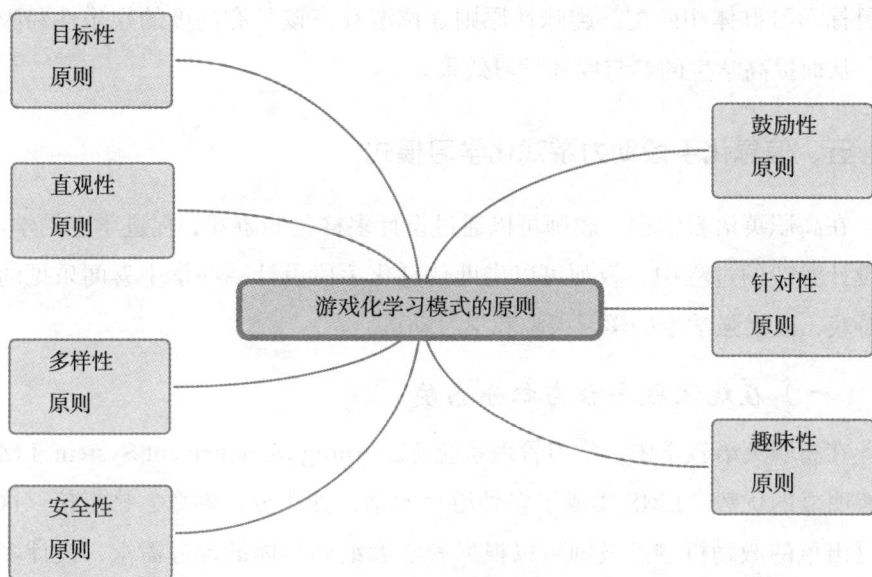

图 5-8　游戏化学习模式的原则

　　目标性原则强调游戏设计应以具体、可衡量的学习目标为导向。这意味着游戏环节不仅应与教学大纲和课程目标紧密相连，而且应针对英语学习的重点和难点进行设计。通过设定明确的目标，游戏活动能更有效地推动学习进程，并有助于评估学习成果。直观性原则注重游戏与实际语境的紧密结合，以增强学生对英语应用的实际感知和理解。例如，通过模拟真实的社交场景或旅行经历，学生可以在更贴近实际的环境中练习听、说、读、写能力。多样性原则要求游戏活动应具备丰富的形式，以适应不同学习者的个性需求。从词汇卡片到角色扮演，从故事解密到互动对话，多样性的游戏类型能够针对英语学习的多个方面进行设计。安全性原则确保游戏环境是支持性的，让学生可以在没有恐惧和压力的环境中自由尝试，有助于学生更加自信地表达自己，并尝试新的语言结构。鼓励性原则强调正面反馈和激励机制的重要性。通过奖励或其他形式的积极反馈，学生更加积极地参与游戏，从而更容易达到学习目标。针对性原则要求游戏活动必须考虑学习者的水平、兴趣和需求。这意味着游戏设计者应进行充分的前期调查和研究，以确保游戏内容和难度与目标学习群体相匹配。趣味性原则强调游戏应该具有高度的娱乐性和吸引力，从而提高学生的参与度和学习效果。

五、信息化手段助力游戏化学习模式

在高职英语教学中，教师可以通过设计多样化的游戏，促进学生的学习；在设计游戏的过程中，教师可以借助信息化手段设计一些学生喜闻乐见的线上游戏，以增强学生的学习兴趣和学习动机。

（一）在线课程平台与积分系统

在高职英语教学中，学习管理系统（Learning Management System, LMS）具有明显的优势。LMS 集成了多种游戏元素，如积分、勋章、排行榜，这些都是出色的激励机制。教师可以根据教学大纲和具体的课程需求，设计多样化的在线任务和挑战。例如，完成一篇阅读理解或成功参与线上小组讨论的学生可以赢得积分，这些积分可以兑换虚拟奖品（如电子证书、优惠券），从而激发学生的竞争意识。此外，通过分析积分数据，教师能更精确地了解学生的学习状况，进一步制订个性化的教学计划。

（二）模拟软件与角色扮演

模拟软件提供了沉浸式的学习环境，特别适用于高职英语教学。例如，教师可以使用模拟软件设计一个商务会议场景，学生必须使用英语进行角色扮演，完成会议议程、商务洽谈、项目报告等任务。这不仅让学生在实际应用中磨炼了英语技能，而且有助于提高他们在真实工作环境中的沟通能力和协作能力。这类软件通常允许实时反馈和评分，学生能即时了解自己的表现情况。

（三）移动应用与日常任务

随着移动设备的普及，许多教育应用程序加入了游戏元素。在高职英语教学中，教师可以通过这些应用推送每日或每周的学习任务，如听力练习、词汇测试、短文写作等。完成这些任务后，学生可以解锁新的学习资源或获得虚拟奖品，如电子徽章、背景皮肤。这种方式不仅使学生在闲暇时间愿意参与英语学习，而且可以通过小的成就持续获得激励。

（四）互动式教学工具

智能白板、投票器等互动式教学工具为高职英语课堂带来了无限可能。教师可以设计各种各样的游戏化教学活动，如单词接龙、英文歌词填空等，以增强课堂的互动性和趣味性。例如，在关于"商务礼仪"的课堂上，教师可以设计一个模拟商务会议的角色扮演游戏，让学生通过智能白板选择正确的礼仪表达方式。讲解商务文章时，教师可以利用投票器进行多选题竞赛，以此检测学生对文章的理解情况和应用情况。这些互动元素不仅能吸引学生的注意力，而且能提高他们的英语水平。

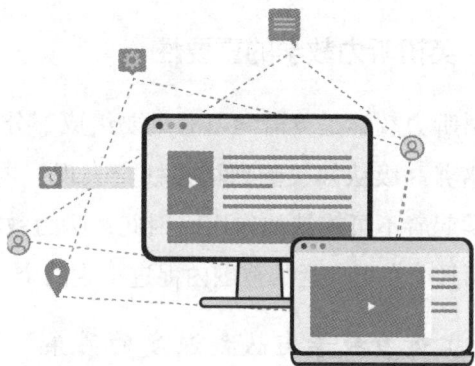

第六章

信息化手段助力高职英语实践教学

第一节 高职英语听力教学

一、英语听力教学的重要性

英语听力教学是英语学习的重要组成部分，它是一种认知和社交能力训练。从培养高级认知技能到增强社交表现，再到适应现代多模态学习环境，听力教学起着不可或缺的作用。因此，听力教学质量的提高不仅能加强英语学习，而且能在更广泛的范围内促进学生的个人发展。

（一）听力教学与认知深度的关系

听力教学不仅是一种语言技能的训练，而且是一种复杂的认知活动。这种认知活动需要学生运用各种高级的认知处理策略，如推理、分析、评价。通过深入的听力练习，学生能更好地理解和运用语境、修辞手法和其他非语言元素，以便更准确地解释信息。这种深层次的语言认知处理不仅有助于巩固已有的语言知识，而且有助于培养更高层次的思考技能，如批判性思维、问题解决能力。因此，从认知心理学的角度来看，听力教学有助于整体的认知发展。

（二）听力教学与社交能力的关系

听力教学旨在培养学生的社交能力。通过有效的听力练习，学生不仅能理解说话者的文字意义，而且能捕捉大量的非语言信息，如语调、节奏等。这种对细微信息的敏感性有助于增强学生在实际社交场合中的表现力。例如，在一个商务谈判项目中，良好的听力能帮助学生更准确地解读对方的需求和意图，从而做出更合适的反应。这一点在跨文化交流中尤为重要，不同文化背景下的人们可能有不同的表达习惯和沟通风格。

（三）听力教学与英语语言思维的关系

众所周知，英语和汉语具有不同的语言思维方式，良好的英语思维与英语语感有助于学生的英语学习。要想培养英语语言思维和英语语感，必须向学生输入大量的听力材料，开展大量有效的英语听力训练。通过参加英语听力训练，学生能快速掌握英语的表达方式。英语思维的形成与应用能促进英语听力的培养和提升，进而提高学生的口语能力、阅读能力、写作能力和翻译能力。

（四）听力教学与多模态学习的关系

现代教学环境越来越多地依赖多媒体和多模态资源，如视频、音频、交互式应用等。在这种环境下，听力教学的重要性被进一步放大。多模态学习环境要求学生能有效地整合来自不同渠道的信息，这正是听力教学所强调的技能。通过针对性的听力练习，学生可以更好地适应这种复杂的信息处理需求。例如，在一个包含文字、图表、口头解释的演示中，良好的听力能帮助学生更好地理解信息，进而更有效地参与讨论。

二、信息化手段助力英语听力教学

（一）多媒体技术助力英语听力教学

1. 理论支撑

"双通道假设"主张人们在信息处理过程中有两个相对独立但又互相协作的通道：一个是视觉通道，另一个是听觉通道。视觉通道主要负责处理图像、文字等视觉信息，而听觉通道主要负责处理音频信息。这两个通道可以同时工作，且在处理信息时可以相互支持。因此，当学习者通过两个通道接收信息时，他们往往能更有效地进行信息编码和记忆。"主动加工假设"强调学习者在学习过程中的主动性和参与度。这一假设认为，有效的学习需要学习者积极参与信息的选择、组织和整合。学习者将接收到的新信息与先前的知识进行关联，以便更好地理解和记忆新信息。简而言之，当学习者积极地、主动地参与学习过程时，有效的、有意义的学习才可能发生。

这两个假设在教育和学习研究中经常被联合应用，特别是在多媒体学习和在线教育环境中。多媒体激活了更多的认知通道，从而增加了信息处理和记忆的可能性。学习者需要主动地选择、组织和整合这些多媒体信息，以实现更有效的学习。基于"双通道假设"和"主动加工假设"，多媒体技术能够为英语听力教学提供沉浸式的学习环境，允许学生通过视觉通道和听觉通道接收信息。

2. 实际应用

一方面，多媒体环境通过整合文本、图像、声音和视频，为学生提供了丰富和多维度的学习体验。这种多样性有助于提高学生的认知深度和学习参与度。例如，在多媒体听力练习中，学生不仅可以听到对话或讲座的音频，而且可以通过配套的图像或视频更准确地理解语境和非语言信息。这不仅有助于提高学生的听力技能，而且有助于增强他们的跨文化理解和社交技巧。另一方面，多媒体技术支持的听力练习互动性和参与性强。这种互动性有助于学生更好地集中注意力，更积极地参与学习过程。例如，一些高级的多媒体教学平台可能允许学生通过点击、拖放等方式与听力材料互动，这不仅能检测学生的理解度，而且能即时提供反馈，从而有助于他们更好地掌握材料。

此外，多媒体注释在听力教学和词汇习得方面有着明显的优势，这种注释技术可以促进听力理解和词汇记忆。其中，听力文本通常以多种注释方式呈现，如纯文字注释、图片注释，从而涵盖视觉和听觉两个信息加工通道。相关研究表明，在进行听力训练时，使用文字注释和图片注释的学习者往往能更准确地回忆、翻译听力材料，同时记忆的持久性更强。学习者在接收多种模式的输入时，会更主动地参与信息的选择和整合，从而促进深度学习。

（二）网络技术助力英语听力教学

网络技术给英语听力教学带来了诸多便利性和可能性，特别是在高职英语教学中。它不仅能满足不同学生的个性化学习需求，而且能有效激发学生的学习兴趣，提高听力教学的质量和效果。

　　网络技术的即时性在高职英语听力教学中具有不可忽视的优势。网络技术为学习者提供了资源库，教师和学生可以根据特定的学习目标和学习需求，快速地获取或更换听力材料。在高职英语教学中，这一点尤为重要。学生的专业背景不同，对英语材料的需求不同，网络技术的即时性允许教师快速搜索，找到与学生所学专业紧密相关的听力材料。这不仅有助于增强教学的针对性，而且有助于提高学生的学习兴趣和学习动力。

　　网络技术的互联互通性是引人注目的特点之一，这一特点在高职英语听力教学中显得尤为重要。在线平台使教师轻松地分发听力材料，同时实时收集和分析学生的听力练习数据。在高职英语教学中，这意味着教师不仅可以快速调整教学策略，而且可以根据学生的需求提供个性化反馈。例如，学生在某个专业术语上遇到困难时，教师可以迅速提供相关的解释或额外的练习材料。这种实时互动丰富了教学内容，同时有助于学生建立、拓展认知图式，从而提高听力水平。

　　网络技术的个性化特点在高职英语听力教学中显得非常有价值。通过使用智能推荐系统、自适应学习平台，学生可以获得与他们的水平、兴趣相匹配的听力练习。这不仅提高了学生的学习效率，而且增强了他们的学习动机。例如，在高等职业教育中，学生的专业方向各不相同，对英语的需求也不同。通过个性化的网络平台，他们可以针对自己专业领域内的特定话题或术语进行更有针对性的听力练习，这不仅能增加他们的职业技能，而且能快速提高他们的综合应用能力。

　　随着多媒体的流行，微博、短视频等新兴网络内容形式在高职英语听力教学中发挥着越来越重要的作用。这些多媒体内容通常更加贴近日常生活和实际应用，更容易引起学生的兴趣。例如，在高职英语听力教学中，教师可以使用与专业、实际工作场景相关的短视频来进行教学，从而提高学生的听力理解能力和专业素养。这些内容通常更加符合学生的学习需求和学习兴趣。

第二节　高职英语口语教学

一、英语口语教学的重要性

（一）符合语言教学的规律

作为全球性的交流语言，英语的多元性和复杂性使之成为一种多维度的交际工具。与其他形式的语言能力不同，口语不仅是一种交流手段，而且是一种文化交流和社会交流的渠道。从这一角度来看，口语教学不仅是语言教学的一部分，而且是其核心组成要素。

传统的教学模式虽然为人们提供了一种系统地学习语法和词汇的方法，但是忽视了口语的重要性。语言是一种用于交际的工具，在实际应用中，有效的交流往往需要更强的语言能力，如准确、流利、灵活的口头表达。

随着外语教学理念的不断更新和实践化趋势的增强，更多的现代教学法开始强调口语能力的培养。例如，"听说法"强调听力与口语的结合；"交际法"注重在真实或模拟的社交场合中使用语言；"自觉实践法"鼓励学生主动参与语言实践。这些方法都在不同程度上强调了口语在语言学习和应用中的核心地位。

（二）培养英语语感

语感是英语素质的核心因素，英语水平高的人能立即领会说话者想要表达的意思，同时能立刻根据交谈的实际情况用英语做出回应。语感能帮助人们正确地组织语言，表达想法。

任何一种语感都不是天生的，需要依靠后天的培养和学习。虽然英语语法规则、英语词汇、英语思维有助于英语语感的形成，但是只依靠英语知识和英语思维，无法形成语感。英语口语教学通过开展口语实践活动帮助学生培养语感，在口语实践活动中，学习者的视觉、听觉等各种感官通过不断接触新的语言材料，积累新的词汇知识，进而对英语的语调、语义、语气产生较为深刻的认识，逐渐形成英语语感。

（三）积累和运用词汇

作为语言的基石，词汇的重要性不言而喻。口语练习提供了一个实际运用词汇和短语的平台，使得学习者不仅能更深刻地理解每个单词和短语的具体含义，而且能学习这些词汇在实际对话中的应用。通过口语练习，学生能更好地理解语境对词义的影响，这样的情景性学习对词汇的长期记忆和实际应用具有非常重要的作用。更重要的是，口语练习能有效地提高学生的语言输出能力，从而帮助他们更灵活、更准确地使用英语。

（四）提升跨文化交际能力

口语教学对跨文化交际能力的提升具有至关重要的作用。语言不仅是文字和语法的组合，而且是文化、情感和价值观的直接传递工具。作为直接的交际手段，口语自然成为文化差异和跨文化交际中不可或缺的元素。

口语交际不仅是信息的交换，而且是文化的传递。英语交流不仅传递语言信息，而且传递文化背景中的隐含意义和社会规范。口语教学能够让学生更深入地了解与英语相关的文化背景，如礼貌用语、习惯表达、情感色彩等。同时，口语能力强的人更容易适应不同的文化环境，从而更成功地进行跨文化交际。例如，通过口语练习，学生可以更加自信地参与英语环境中的社交活动，如会议、面试、日常对话等，这不仅有助于他们在职业发展中站得住脚，而且有助于他们在多元文化背景下建立更广泛的人际关系。

此外，高效的口语教学也有助于培养学生的跨文化意识和批判性思考能力。通过口头交流，学生可以从多个角度看待问题，理解不同文化背景下的行为和观点。

（五）提升其他语言能力

在高职英语教学工作的开展过程中，口语教学不仅是培养学生口语能力的教学活动，而且是促进学生其他语言能力发展的重要手段。例如，听力和口语是相互依存、互相影响的关系，学生通过口语表达可以更加深刻地理解语气、语调、重音、节奏等所包含的话语信息，并掌握重读、弱读、连读、不完全爆破等发音要领，增强辨音能力，进而提高听力技能。

在当前的教育环境下，书面语仍是高职英语教学的重点内容。学生在教学过程中接触到的大部分语句都是结构完整、语法规范的句式，定语从句、状语从句、表语从句较多。然而，随着语言学和语言教学科学研究成果的发展和传播，人们对口语和书面语的关系有了新的认知，口语和书面语应该被看作语言形式的统一体。在很多正式场合，如学术交流、商贸会谈、求职面试、外交谈判等，人们常使用大量类似书面语的词语和句子。因此，不少学者支持在高职英语教学中加入高度规范、精确的口语使用规则。口语教学和书面语教学的结合能更好地促进学生书面语能力的提升。

口语教学和口语训练能促进学生英语写作能力的提升。人们在日常的交际活动中通常会使用自己掌握比较熟练的词汇及其他语法结构。这些语法结构是学习者用英语进行思考、表达的重要组成因素；用英语进行写作时，这些使用频繁的语法结构会出现在写作者的脑海中。因此，规范的话语有助于提升学习者的写作能力。

二、信息化手段助力英语口语教学

在全球化的背景下，英语已不仅是一种语言，而且是一种跨文化、跨国界的交流工具。随着信息技术的不断进步，传统的英语教学方式得以创新和完善。英语口语教学充分利用以下几个信息化手段优化了教学效果，如图6-1所示。

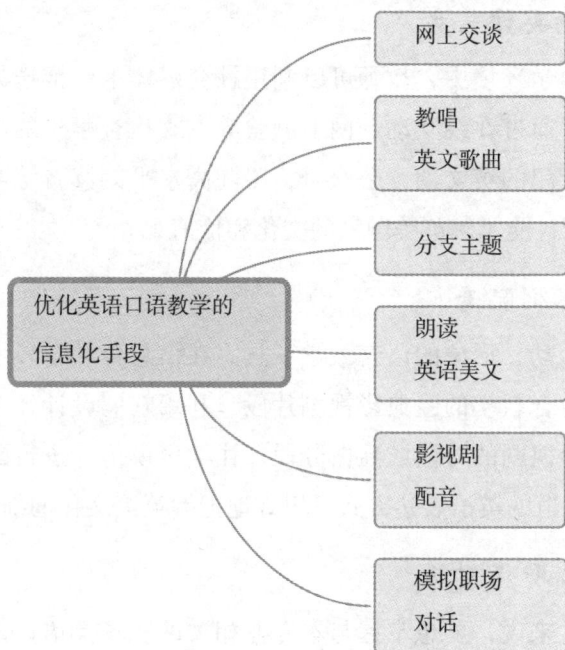

图 6-1 优化英语口语教学效果的信息化手段

（一）网上交谈

教师可以借助在线聊天和电子笔友的功能，为学生创造真实的口语练习环境，引导学生直接与外国人士开展对话。这种网上交谈能使学生接触地道的英语表达、独特的思想观念，并与对方进行跨文化交流，输出中华优秀传统文化，有助于学生形成英语语感，树立正确的文化意识。

通过一些练习英语口语的软件，学生还可以免费学习英语口语技巧，与精通英语的各界人士进行交流。

（二）教唱英文歌曲

网络平台上有丰富的英文歌曲资源。教师可以通过在线平台选取适当的歌曲，然后利用多媒体教学方式分解歌曲的发音、节奏和文化内涵。这种方式能够激发学生的学习兴趣，让他们在轻松愉快的氛围中掌握连读、弱读等发音技巧，同时加深对英美文化的理解。

（三）朗读英语美文

在信息化教学环境中，教师可以利用社交媒体平台推送具有教育价值的英语美文，然后通过在线互动、网上测验等方式检查学生的学习效果；学生可以通过关注专门的英文朗读公众号，跟随高水平朗读者练习。这不仅能提高口语水平，而且能了解英美国家的文化和价值观。

（四）影视剧配音

影视剧是生动、形象的语言教学工具。在信息化教学环境下，教师可以轻易找到各种适合教学的经典影视剧片段，利用它们设计一系列配音练习活动。例如，将影视剧的对话或独白分段，让学生模仿并进行配音，使学生更加深入地理解地道的英语表达方式，更好地把握英美文化的细微差异。

（五）模拟职场对话

对高职学生来说，要想掌握与本专业相关的职场英语口语技能，必须进行真实的职场对话训练。在商务英语口语教学中，利用信息技术开展的职场对话训练可以提高学习效果和学习互动性。例如，教师利用视频会议软件组织线上模拟商务场景的角色扮演活动，让学生在实际对话中锻炼口语能力。教师可以为学生分配不同的角色和情景，引导他们进行商务谈判、电话沟通、项目汇报等实际场景的模拟。

第三节　高职英语阅读教学

一、英语阅读教学的重要性

在英语教学中，阅读教学具有无可替代的重要性。与其他教学方法相比，阅读教学不依赖复杂的教学资源或特定的学习环境，是一种非常现实的学习方法，特别是在没有丰富目的语环境的情况下。

阅读不仅能提供语言输入，而且能提供文化和背景知识的输入。通过阅读，学习者可以更好地理解目标语言的文化背景和社会观念，这对第二语言的运用和理解至关重要。英语阅读是学生积累英语语言知识和文化知识的有效途径。

学生可以借助阅读能力发展其他能力，如听力、口语、写作和翻译等能力。阅读可以增加学生的英语知识量，这种知识量不仅体现在语言方面，而且体现在文化方面。当学生通过阅读掌握了相关英语语言文化知识时，就可以利用各种技巧将这些知识应用到英语语言实践中。例如，学生可以将学到的知识点用在跨文化交际中，或者用在英语文章写作中。

二、信息化手段助力英语阅读教学

（一）移动学习

1. 移动学习的概念与内涵

移动学习是在任何时间、任何地点，利用移动设备与虚拟的、物理的世界交互发生的个人的、协作的或者混合的学习。通过利用移动设备，学习者能够与线上世界和线下世界交互，以个人、合作或混合的方式进行学习。

移动学习手段辅助阅读教学是开展英语教学、提升学生阅读能力的一个新途径。这个方法可以有效地改善以往英语阅读教学中存在的许多不良现象。它可以改变以往的阅读教学模式，激发学生的阅读兴趣和求知欲望，从而有效地提高学生的阅读能力，培养学生的自主学习能力和探索精神。

移动学习方式允许学习者可以根据自己的需求和水平选择合适的学习材料和学习方法。例如，高级学习者可以选择复杂的主题，而初级学习者则可以从基础概念开始，这种个性化的学习方式有助于提高学习效率和学习效果。移动学习具有高度的互动性。学生不仅可以与实际的教师和同学进行交流，而且可以通过在线平台与其他学习者进行互动。

在忙碌的现代生活中，人们常常没有充足的时间学习。移动学习使得学习者可以碎片时间进行有效学习。即使是在非常忙碌的日程中也可以持续地学习和进步。学习者可以访问各种类型的学习材料，包括电子书、在线课程等，不仅使学习变得丰富、有趣，而且有助于适应不同学习者的不同需求。

2. 基于移动学习的英语阅读方法

在移动应用市场上，针对英语阅读学习的应用大致可以划分为四大类：以文学作品为核心的应用、以时事新闻为主的应用、以各种英语水平测试为焦点的应用、与教学材料和辅助工具相关的应用。英语教师可以教授学生利用这些基于移动端的资源，优化英语阅读学习。

（1）内置或外部电子词典。在高职英语教学中，专业词汇和日常生活词汇同样重要。移动学习应用的内置或外部电子词典能加强这方面的学习。例如，在涉及"工程与技术"的高职英语课程中，学生可能遇到大量的专业术语。在这种情况下，内嵌词典的功能允许他们即时查阅这些术语的定义、发音和用法。学生可以应用外部词典获得更丰富的例句和用法解析。这种即时查询和深入理解的能力是传统课堂教学难以实现的。

（2）阶段性进展和个性化匹配。在高等职业教育体系中，学生的英语水平各不相同，个性化的教学方法显得尤为重要。移动阅读应用通常会提供一种能够适配学生个体的评估机制，如 Lexile 阅读分级体系。例如，在商务英语课程中，学生需要完成一个基础的语言能力测试。根据这个测试，应用会推荐与学生实际水平相匹配的阅读材料，从而确保他们能在一个适合自己水平的环境中学习。这样的阶段性进展和个性化匹配有助于激发学生的学习兴趣。

（3）融合练习和实际应用。在高职英语教学中，移动阅读应用的应用场景尤为重要。这些应用常常为每篇文章或每个单元提供后续的练习，形式多样，包括选择题、填空题等。这些练习不仅有助于测试学习者对文章或单元内容的掌握情况，而且能激发其将所学知识用于实际情景的兴趣。通过这种方式，学生不仅可以及时了解自己的学习进度，而且可以清晰地看到英语知识在专业或日常生活中的应用价值，从而增强学习的目的性和针对性。

（4）注重趣味性和可持续性。在高职英语教学环境中，保持学生的学习动力是一项长期且重要的任务。许多高质量移动阅读应用通过加入与课堂内容相关且生动有趣的元素吸引学生。例如，有的应用根据课程或主题，提供与之相关的小游戏或互动问答。在"旅游英语"课程中，教师可以推荐一个具有各种旅游场景模拟的小游戏、趣味性强的地理知识测试的移动应用。这种方式不仅能够增强学生学习英语的兴趣，而且能够让他们在轻松愉悦的环境中练习、应用英语。

（5）读听结合。多模态学习强化记忆和理解。高职英语教学不仅训练学生的阅读能力，而且强调听力技能。因此，具备原声朗读功能的移动应用为高职学生提供了一种有效的多模态学习方式。例如，在商务英语课程中，学生能通过应用听取相同材料的原声朗读。这种多模态（视觉和听觉）接触方式不仅增强了特定词汇和表达方式的记忆，而且有助于学生更好地理解文章的语境。先读后听或先听后读的方式有助于内化信息、提高综合语言技能。这种方法适用于复杂或抽象概念的学习。

（6）交互协同。在酒店管理课程中，学生可以通过移动应用进行多种形式的交互，包括学生与应用的互动（人机交互）、学生与学生之间的互动（生生交互）、学生与教师之间的互动（师生交互）。课程应用可能有在线论坛功能，学生和教师可以就某一阅读材料或练习进行讨论。这种师生交互不仅能缓解学生的孤独感，而且能促进彼此之间的正向情感交流，进而提高阅读的积极性和持久性。另外，学生可以通过评论、问答、翻译等功能进行生生交互。这种交互方式有助于他们从不同角度理解和消化阅读材料，同时通过集体智慧解决一些问题，不仅提升了学习效果，而且增强了学习的社会性和合作性。

（二）批注式阅读

1. 批注式阅读的概念与内涵

批注式阅读是一种主动、多维度和富有深度的阅读方式，它不仅是对文本内容的被动接收，而且是一场思考、解析和评价的互动。这一方法推崇个体在阅读中充分发挥主观能动性和思维多样性，通过各种形式和手段（如文字、符号、声音等）与文本进行有意义的"对话"。批注形式可以多种多样，从简单的识记、页边注释到复杂的问题、感悟分享，它们相互交织，形成一种层次丰富、逐渐深化的认知活动。这种多层次性不仅体现在批注内容（如识记批注、增删批注、质疑批注、感悟批注、评价批注）上，而且体现在批注位置（如页眉、页脚、页边、行间）及批注形式（如符号批注、文字批注、提纲批注）上。

在数字化阅读环境下，批注式阅读具有更强的灵活性和多样性。例如，利用具备批注功能的电子书或专门的批注软件，读者不仅可以进行文字批注和符号批注，而且可以添加音频批注或视频批注，甚至可以实时分享和讨论，丰富了阅读的互动性和社交性。批注式阅读的价值在于有效降低"学习迷失"的风险，记录并反思学习过程。此外，它也有助于培养多角度和发散性的思考，从而增强问题意识和探究能力。更重要的是，批注式阅读能激励人们进行更多的写作尝试，进而提升表达能力和沟通能力。这种主动性和多维度的特性使批注式阅读成为一种有力的自主学习工具和终身学习工具。

2.批注式阅读的实践应用

在高等职业教育的背景下，英语阅读教学是提高学生语言水平的手段。因此，传统的"教师中心"的阅读教学模式往往难以满足高职学生多样和实用的需求。批注式阅读教学通过教师设计的问题场景和目标导向任务，激发学生的学习兴趣，进而推动他们进行自主阅读和探究。在具体的教学流程中，批注式阅读教学鼓励学生运用各种数字工具（如专门的批注软件或电子书平台）进行课前预习和课堂互动。

在高职英语教学中，教师可以选择与学生专业或未来职业密切相关的文章或案例作为阅读材料。例如，酒店管理专业的学生可以阅读酒店服务流程、客户关系管理等方面的英语文章。学生在课前预习阶段，不仅需要对文章内容进行批注，而且需要关注其中涉及的专业词汇、术语或概念，并在阅读过程中添加相关批注。

由于高等职业教育注重团队合作和实践应用，批注式阅读教学可以与其他形式的教学相结合。例如，课堂活动可以设计为一个小组项目，每个小组成员负责阅读和批注文章的不同部分，然后将各自的批注和发现汇总到一个集体报告中。这种方法不仅促进了学生之间的交流和合作，而且将阅读、写作和口语训练有机地结合在了一起。

教师分享自己对阅读材料的批注，并将其作为学习的参照和灵感来源，以便学生在未来的阅读中能有更多的启示和角度。这一过程结束后，教师总结本次教学活动，评估学生在批注式阅读方面的表现，并据此给出建设性的反馈。这不仅有助于学生明确自己的长处和需要改进的地方，而且能增强对阅读材料的综合理解。教师引导全班进行一次教学回顾，并在此基础上进行适量的知识拓展和延伸，有助于巩固学到的内容，并将这些知识与更广泛的学科或现实应用相联系，从而实现深入的知识掌握。

批注式阅读教学可以很好地与现代教育技术相结合。许多高职院校已经开始使用在线教育平台、电子书等数字工具。教师可以利用这些平台提供的功能，如实时监控、自动批改、数据分析，跟踪和评估学生在批注式阅读活动中的表现。这不仅减轻了教师的工作负担，而且让教学更加个性化和精细化。

第四节　高职英语写作教学

一、英语写作教学的重要性

对传统的英语教学而言，写作教学在理论上的重要性不容置疑。近年来，随着经济、文化、教育等许多方面的发展，写作的地位开始发生变化。

（一）写作是重要的交际手段

写作是一种至关重要的交际手段，为个体在复杂的社会环境中传达思想、分享信息、解决问题和建立人际关系提供了有力的工具。在外语教学中，写作与听、说和读技能相辅相成，写作不仅是综合语言能力的一部分，而且在某种程度上决定了其他交际技能的质量。写作需要一种更高级的认知活动，包括深度思考、逻辑推理和信息组织，这些都是口头表达和书面交际不可或缺的要素。优秀的写作能力不仅能在学术和职场环境中占据竞争优势，如撰写研究论文或商业报告，而且能在日常生活中发挥不可替代的作用。在全球化日益加剧的今天，熟练的写作能力成为跨文化交际的重要桥梁。通过掌握第二语言的书面表达，人们不仅能够跨越地理和文化界限，而且能深入地理解和接纳多元文化。因此，写作教学应被视为培养综合交际能力的重要组成部分，值得在教育实践中给予高度重视。

（二）写作具有方便性和经济性

写作具有很高的方便性和经济性，这一点在当前教育资源有限的环境中显得尤为重要。值得注意的是，写作练习没有时间和地点的限制，学生可以在家、图书馆、咖啡店或其他安静的场所进行练习。这种自主性让学生有机会根据自己的生活节奏规划学习时间。因此，学生更容易持续、深入地进行练习，从而达到更好的学习效果。

（三）写作提高词汇和语法应用能力

写作是提高词汇和语法应用能力的有效途径。当人们尝试通过文字表达复杂的想法和观点时，词汇和语法的精确掌握就显得尤为关键。这一过程实际上是语言能力的测试和提升，它要求学生正确地使用每一个单词和标点符号，清晰、连贯、有逻辑地表达语言意义。

（四）写作推动其他语言技能的提升

写作练习有助于推动其他语言技能的提升。认知心理学研究表明，写作活动和口语活动在本质上都是"内部编码"的过程，都涉及语言符号和语言意义的综合处理。因此，写作不仅是锻炼书面表达能力的有效方式，同时有助于提高口语能力和听力能力。在写作过程中，词汇和语法的深入应用进一步强化了这一点，它使学生灵活地运用语言，从而在听、说、读等方面达到更高的综合水平。

（五）写作是社会人才培养的要求

尽管现代社会拥有多样的传媒工具，但是这些工具仅是传播信息的平台，真正的信息内容仍然依赖高质量的写作。在这样的背景下，英语写作没有变得陈旧或边缘化，反而因应用场景的多样性和传播速度的加快变得更为重要。对专业人士来说，无论是科研、商务还是新闻报道，高质量的英语写作都是不可或缺的。例如，在科技领域，研究人员通常需要用英语撰写研究成果并发表在国际期刊上，以获得更广泛的认可和应用。在商业环境中，良好的英语写作能力是沟通与合作的关键，特别是在处理国际交易或跨文化项目时。

二、信息化手段助力英语写作教学

（一）信息化手段助力英语写作教学设计

在高职英语教学中，信息化手段给写作教学带来了变革。与传统的教学模式相比，网络和其他数字工具有助于提升教学效果和学生参与度。

1. 明确写作主题和写作要求

在高等职业教育环境中，教师需要解决的问题具有实用性和应用性的特点。通过网络教学平台，教师不仅可以从丰富的案例库中挑选合适的写作主题，而且可以根据职业课程的需求制定写作任务。例如，如果学生的专业是酒店管理，那么写作主题应与客户服务或事件管理有关。这样，学生不仅能学习英语，而且能在实际职场中运用英语知识。

2. 搜集和整理写作资料

高职英语教学通常要求学生具备一定的实践能力。因此，学生可以通过搜索引擎、在线数据库或电子图书馆寻找专业相关的资料。独立搜集和整理信息的过程是一种很好的实践，能让学生逐渐熟悉专业领域的专业语言和表达方式。

3. 互相交流和修改作业

信息化手段方便了学生之间、师生之间的交流。在传统的教室设置中，学生交流通常是受限的。在线论坛、班级信箱等工具使得学生可以查看、评论其他同学的作业，促进了思想的碰撞和知识的分享，从而提高了学生的综合写作能力。

4. 教师点评作业

在高等职业教育中，教师的反馈通常更具个性化，以适应不同学生的职业需求。通过电子邮件或其他在线平台，教师不仅可以批改作业，而且可以将优秀的学生作品上传至全国性的专业平台，让更多的学生从中受益，为他们提供更多的学习机会和成长机会。

语言不仅是一种沟通工具，而且是一种文化的体现，因此在英语写作教学中，中西方文化差异的认识和理解显得尤为关键。一方面，写作教学设计需要涵盖文化背景知识的传递。教师应介绍西方历史、艺术和社会习俗，并突出其与写作习惯、写作风格的关联性。例如，西方的写作通常重视逻辑结构和论点支撑，而东方写作则注重叙述和情感表达。这种文化差异应通过实例分析、比较研究等多种方式展示给学生，以便他们在实际写作中自如地运用。另一方面，教学活动设计应该是多元性、互动性的。除了传统的教学方式外，教师还可以运用多媒体教学手段，如在线课程、互动游戏、模拟场景等，让学生在多样化环境中练习英语写作。此外，教师还可以组织线上跨文化交流活动。例如，通过虚拟平台与其他国家的学生或教师进行实时对话和写作合作，以获取第一手的文化信息和写作经验。

（二）信息化手段助力英语写作教学实践

传统的英语写作训练方式较为单一，教师一般要求学生直接就某一主题内容或写作要求进行写作，或者通过改写课文的方式进行写作。现代信息技术和设备的应用使英语写作方式变得更加灵活、生动、有趣。

1. 情景写作

多媒体技术和设备为情景写作提供了便利条件。常见的情景写作流程：情景呈现—讨论交流—进行写作—完成写作—展开评价。教师可以用多媒体设备展示写作要求。例如，教师可以通过展示图片等，让学生观察写作内容的主体及其中蕴含的深层意义。与此同时，教师可以设计一些生动有趣的练习活动，帮助学生掌握英语词法和句法，逐步开展写作训练。

2. 交流写作

教师在线上布置英语作业上，作业形式有看图写作、贺卡撰写、课文改写、故事续写等。学生把第一稿发送给教师，教师批阅后返还给学生，经过几次交流、修改后定稿。教师将优秀的写作发布在线上，供大家学习、讨论。其中，"故事接龙"的写作方式极具趣味性和创造性。在续写的过程中，作者与作者、作者与读者、读者与读者之间可以进行充分的交流。实践证明，这种写作方式能极大地调动学生写作的积极性与主动性。

3. 一体化写作

一体化写作就是阅读和写作相结合的写作方式。"读书破万卷，下笔如有神。"阅读和写作之间关系密切，一定量的语言输入是写作的基础。阅读不仅能为学生积累写作材料，而且能在无形中帮助学生掌握正确的表达方式。因此，在英语写作教学中，教师应该引导学生充分利用网络资源，阅读各种题材、体裁的英语资料，了解英语国家的价值观念、社会文化、道德理念等。

4. 电子邮件写作

研究与实验表明，电子邮件在写作教学方面发挥着重要的作用。学生通过电子邮件结交国际笔友，为了在交际中更好地传递信息、表达思想，学生会积极地查阅资料、修改内容，以使自己的表述更准确、更清楚。这种跨文化交际活动既提高了写作能力，也提升了跨文化交际能力。

第五节　高职英语翻译教学

一、英语翻译教学的重要性

（一）翻译是学习外语的一种手段

近年来，随着教育理念和教学思想的不断更新，人们对外语教学方法的选择发生了变化。之前，人们使用语法翻译法开展教学活动；后来，人们选择听说法开展教学活动。实践证明，在学生已经具备一定英语水平的情况下，英语翻译教学有利于提高学生的外语水平和英语综合应用能力。通过不同语言之间的对比和分析，学生能更加深刻地了解不同语言的特点，掌握英语词汇、语法等语言知识的应用方法。

（二）翻译促进文化的交流与融合

随着全球化和信息化的深入发展，翻译不仅在国际商贸、科技交流等方面具有日益重要的地位，而且在文化传承和社会融合中起着至关重要的作用。中国加入世界贸易组织后，与外界的各种交流活动剧增，这无疑加大了对翻译人才的需求量。一方面，翻译服务是经济全球化中不可或缺的一环，对跨国企业、政府组织、非政府组织等在全球范围内的运营至关重要。另一方面，翻译是文化交流和多元文化共融的重要手段。通过翻译，不同的文化背景、习俗和价值观得以传播和理解，不仅有助于减少文化冲突和偏见，而且有助于促进全球多样性和包容性的发展。

二、信息化手段助力英语翻译教学

（一）基于网络平台的翻译作坊教学

基于网络平台的翻译作坊教学模式以培养学生深度分析翻译文本的能力

和提高翻译水平为目标，包括学前准备、学前研讨和协同式翻译、课上学习和交流、总结分享、评价反馈五个阶段，如图 6-2 所示。

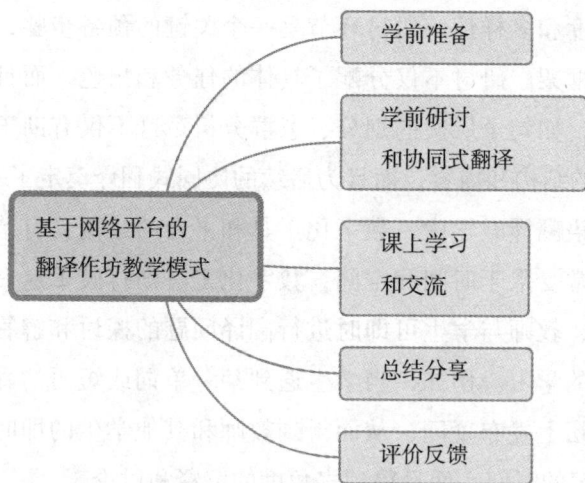

图 6-2　基于网络平台的翻译作坊教学模式

1. 学前准备

在高职英语翻译教学中，基于网络平台的翻译作坊教学模式在学前准备阶段具有特定的重要性和复杂性。策划翻译项目是关键的第一步，决定了整个教学流程的质量和有效性。两种类型的翻译项目各有侧重点：一种是教育性的翻译训练，学生可以根据不同的主题或者文本类型进行翻译；另一种是贴近实际应用的翻译训练，如翻译实际文档或者合同。这种多样性不仅增加了学生的参与度，而且有助于他们更好地了解翻译在实际环境中的应用。

第二步，构建一个多功能的在线翻译教学平台。这个平台可以分为几个主要区域：通知发布区域（传达课程信息）；互动协作区域（解决学生在翻译过程中遇到的各种问题）；课程作业提交和反馈区域（展示每个阶段的草稿、修改和评审，以便进行更有效的个性化指导）。此外，平台还可以嵌入各种翻译辅助工具和资源库，从而为学生提供更加丰富的学习资源。例如，内置的机器翻译工具和语料库可以帮助学生更快地查找信息和例证，同时通过数据统计监控和评估学生的学习进度和学习效果。

2. 学前研讨和协同式翻译

基于网络平台的翻译作坊教学模式在学前研讨和协同式翻译阶段展示了教学过程的深度和多样性。研讨环节是一个关键的预备步骤，为整个翻译项目提供了启动框架。研讨不仅分配了具体的任务和角色，而且促成了针对文本的集体分析，如句子层次的划分、意群分析。这不仅有助于学生更好地理解待翻译文本的结构和内容，而且为后续的协同式翻译奠定了基础。

在高职英语翻译教学中，数字化工具和平台的运用具有革命性意义。传统的教学模式常受限于时间和空间，数字化工具则打破了这一局限。通过平台的直播功能，教师与学生可即时进行翻译问题的探讨和解答，从而实现更加灵活和高效的学习。例如，当学生遇到某一单词或短语的翻译问题时，可以在平台的论坛上发布疑问，从而得到教师和其他学生的即时反馈，这不仅节省了寻求答案的时间，而且得到多角度的解释和讨论。

全程摄像或"可视化记录"也是一种创新性的教学手段。它允许教师客观地评估每个学生在翻译项目中的参与度和贡献度，使得教学回顾和自我反思更加方便。例如，通过观看录像，学生可以更清晰地认识到自己在集体讨论中的表现，包括沟通能力、问题解决能力和团队合作能力，从而有针对性地进行改进。

协同式翻译是一个非常适合高等职业教育的教学模式。高等职业教育强调实用性和职业技能，而协同式翻译恰好提供了一个模拟真实工作环境的平台。学生被分为主译、校译等不同角色。通过使用先进的翻译软件和语料库，学生可以体验真实的翻译工作，如使用计算机辅助翻译工具进行术语管理和一致性检查。这种学习方式不仅提高了学生的翻译质量，而且让他们熟悉了现代翻译工作的流程。

3. 课上学习和交流

课上学习和交流阶段不仅涉及翻译的实际操作，而且涉及英汉语言差异的深入探讨和译文的质量评估。这一过程能够培养学生的翻译技能和分析能力。具体而言，教师通过"评头论足"和"追根溯源"两个环节，使学生能够在实际翻译的基础上，对英汉语言规律和具体翻译实例进行深度分析。例如，在"评头论足"环节，学生可以分析某个具体词汇在不同文本中的译法，探讨其背后的语言习惯和文化差异。在"追根溯源"环节，教师引导学生从微观到宏观，从表面到本质，对英汉两种语言在句法、词汇、文体等方面的差异进行分析。

此外，译文品评环节还为学生提供了一个与他人交流的机会。在高职英语翻译教学中，这一环节尤为重要，它模拟了真实工作环境中的项目汇报和团队合作。例如，学生在呈现自己的译文时，需要注意准确、清晰、有效地传达信息，这不仅考验了他们的翻译技能，而且考验了他们的演讲能力和沟通能力。量化赋分进一步激励学生仔细对比和评估不同译文，从而在实践中找到更有效的翻译策略和翻译技巧。这一过程不仅促使学生注重译文的质量，而且有助于他们对翻译有更深刻的理解。

教师需要进一步总结和深化之前的教学内容，包括翻译终稿的审核、相关翻译理论的梳理，以及理论和技巧在其他类似翻译项目中的应用。这样的教学设计不仅提高了学生的翻译技能，而且拓宽了他们的翻译视野。总体来说，基于网络平台的教学模式通过多元化的教学活动和互动式的评估方式，成功地将理论与实践、个体与团队、教与学有机地结合在一起。

4.总结分享

总结分享阶段不仅是课程的收尾，而且是知识和经验的整合和传承。在高职英语翻译教学中，这一环节有助于学生从实践中提炼具体的翻译策略和技巧，以便应用在未来的职业生涯中。

在这一阶段，各作坊会微调译文，这是一个重要的修正过程。在这个过程中，学生需要注重翻译风格和专业术语的统一性和准确性。学生将更加深入地探讨和总结翻译的"小窍门"和策略。这些总结通常会归纳为一个在线的知识库或者教学平台上的一个专门板块，以供后来者参考。

在这一阶段，教师要求学生提交译文终稿和翻译心得。一方面，通过翻译心得的撰写，学生可以进行自我反思和自我批评，从而更加清晰地认识到在翻译过程中的优点和不足。例如，学生会反思在翻译法律文档时，如何在保持原文精确性的同时，实现语言的流畅和自然。另一方面，这些翻译心得可以作为教学反馈，帮助教师更好地了解学生的学习状态和学习需求，从而不断优化教学方案。

5.评价反馈

在评价反馈阶段，教师要采用多元评价体系，从多个维度出发，全方位评估学生的学习情况。除了课堂内的教师和学生的评分外，行业内的专家和翻译实践者也可以对学生的译文进行评价，以便学生得到更贴近实际应用的反馈。

利用教学平台的数据分析功能，追踪学生的在线学习时长、教学视频观看率等，这些都是学生学习效果的直接指标。它不仅提供了一个实时反馈机制，而且可以通过数据可视化工具，将这些信息直接传输到学生的移动设备上，从而使他们能够及时地调整学习策略。除此之外，教师还要注意分配平时成绩和期末成绩在总成绩中的比重，平时成绩应占80%，期末成绩应占20%。这样的设置可以鼓励学生更加注重课程中的实践和长期学习。在高等职业教育中，这种平衡设置更能体现出"以就业为导向"的教学理念。

（二）基于多媒体技术的交互式翻译教学

交互式翻译教学的核心思想是通过多媒体技术的综合应用，如影像、图像、文字、动画、声效，营造多维、立体的学习环境。这种方式不仅能长时间地吸引学生的注意力，而且能全方位地激发他们的学习热情和求知欲，使教学氛围更加活跃。基于多媒体技术的交互式翻译教学包括以下几个阶段，如图6-3所示。

```
┌─────────────────────────────────────────┐
│      基于多媒体技术的交互式翻译教学        │
└─────────────────────────────────────────┘
        │             │             │
   ┌────────┐    ┌────────┐    ┌────────┐
   │ 原文理解 │    │ 译文转换 │    │ 译后讨论 │
   └────────┘    └────────┘    └────────┘
```

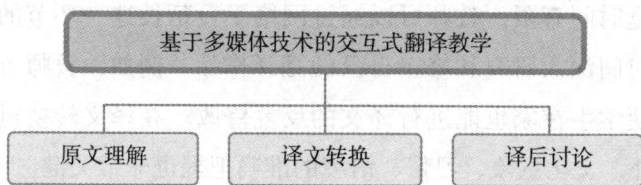

图 6-3　基于多媒体技术的交互式翻译教学

1. 原文理解

原文理解是交互式翻译教学中非常关键的一个环节，它不仅是翻译工作的起点，而且是确保翻译质量的基础。与传统的教学方式不同，这一环节强调学生的主体性和参与性。该环节不是让学生简单地解码原文，而是通过精心设计的问题引导学生深入挖掘和反思原文。这些问题不仅是对文本内容的询问，而且是对文本结构、语境、文化背景等方面的探究。学生需要了解这些问题背后的意图和目的，从而更深刻地理解原文。

教师在这一环节中的角色有所变化。他们不再是单一的知识传播者，而是引导者和辅助者。教师应当引入与翻译有关的阅读材料，如相关的英语文章或著作，丰富学生的语言库和跨文化知识，提高学生的语言敏感性和理解能力。此外，教师还应当根据翻译的方向（英译汉或汉译英）设计不同的问题。对于英译汉，问题应当更多地集中在语言层面，如疑难词汇；对于汉译英，问题应当涉及文化和思维方式的差异。这不仅能训练学生在不同翻译方向上都有出色的表现，而且能让他们在翻译过程中更加注重文化和语境。

2. 译文转换

译文转换环节在交互式翻译教学中占有举足轻重的地位。它不仅涉及语言符号的简单替换，而且涉及文化信息的精准传递。在这一环节，特别是在高职英语翻译教学中，学生需要将原文的多层面信息成功转化为目标语言，同时保留原文的文化和情感内涵。教师在进行教学设计时可以参考专业翻译公司的工作流程，将学生分成小组，并进行角色扮演。这样的分工不仅模拟了真实的翻译场景，而且有助于培养学生的团队合作精神和责任感。

鉴于课堂时间有限，教师可以通过网络平台延长这一环节的时间，让学生有更多的时间深入研究和修正自己的翻译作品。例如，教师可以在线布置相关任务，使学生在家也能进行译文的反复修改。在译文转换过程中，除了语言准确性外，文化意象、习俗、语境的准确把握也非常关键。

3. 译后讨论

译后讨论是交互式翻译教学中至关重要的一个环节，它的存在不仅强调了教与学的互动性，而且促进了学生之间的协作和思辨能力的培养。在高职英语翻译教学中，译后讨论可以被视为"后期质量控制"。学生完成译文后，需要从读者的角度进行自我评估，同时接受同学和教师的批评和建议。这种多角度、多层次的评价机制不仅能反映译文的优点和不足，而且有助于学生在思维碰撞中找到问题的答案和翻译的最佳方案。

除了解决问题外，译后讨论还是一个分享和自我激励的平台。学生将小组的翻译亮点带到课堂，不仅有利于全班的共同进步，而且能让每个人感受到成功的喜悦。这种正面的情感反馈是激发学生主观能动性和持续进步的重要因素。通过这种交流和互动，课堂氛围变得更加轻松、活泼，并充满合作与竞争的元素，不仅有助于学生更好地展示自己，而且能在实践中不断总结翻译规律，深刻理解翻译流程，从而在实际操作中得心应手。

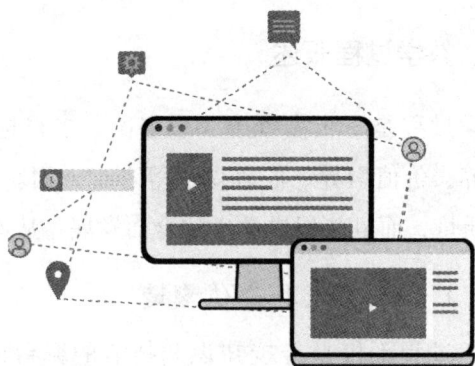

第七章

信息化手段助力高职英语教学管理

第一节　高职英语教学过程管理

一、教学过程概述

教学过程是一个多维度、多层次、多目标的复杂活动，涉及知识传授、能力培养、价值引导、心理调适等多个方面。有效的教学过程管理不仅能确保教学质量，而且能促进学生的全面发展，从而实现教育的终极目标。

（一）个人发展和价值塑造

教学过程不仅是传授知识和技能的舞台，而且是关乎个人成长和价值观建设的重要领域。在这一过程中，学生不仅拓展了知识和理解，而且改进了自己的性格和道德观。例如，课堂上的团队合作和实践项目不仅教学生如何解决实际问题，而且教他们如何与人合作。同时，一些课程内容可能涉及社会、道德或者伦理问题，教师引导学生思考这些问题并形成自己的见解和态度。

这种价值观和人生观的塑造往往具有长期和深远的影响。学生进入社会后，这些价值观会引导他们在复杂的社会环境中做出决策，建立人际关系。因此，教学过程在这方面的影响是一种持久和根本的改变。

（二）认知拓展和理解深化

教学过程是一个复杂的认知活动，不仅涉及信息的接收和处理，而且包括信息的深入理解和应用。在这个过程中，学生需要将新知识融入已有的认知框架中，这通常涉及批判性思考、解决问题、创造性思考等高级认知活动。

课堂不仅是传授事实和概念的地方，而且是培养学生思考、分析和解决问题的平台。有效的教学应该能激发学生的好奇心，促使他们探究事物的根本原因和内在逻辑。通过这样的认知活动，学生不仅可以更好地掌握学科知识，而且能在日常生活和未来职业中更加灵活、有效地运用这些知识。

（三）心理成熟和自我调整

教学过程是学生心理成长和自我调整的重要阶段。这一过程涉及多种心理因素，包括感觉、知觉、记忆、思维、情感、意志等。例如，在面对困难和挑战时，学生需要调动自己的意志力和毅力，这有助于他们建立自信心。同时，学生在学习过程中会遇到各种情感和心理上的困扰，如焦虑、压力、自卑等。这些情感和心理状态不仅影响学习效果，而且可能对他们的心理健康产生负面影响。因此，优质的教学过程应当注重学生的心理健康，通过有效的教学方法和心理辅导，帮助学生建立积极的心理态度，提高情感调节能力和压力管理能力。

二、英语教学过程概述

（一）英语教学过程的构成要素

英语教学过程是一个复杂、多层次和交互式的活动，旨在通过有计划、有组织的方式，促进学生英语能力的全面发展。在这个过程中，教师、学生、教材、教学策略和教学工具都起着至关重要的作用，如图 7-1 所示。它们互相依存，共同构成了英语教学的整体框架和运行机制。

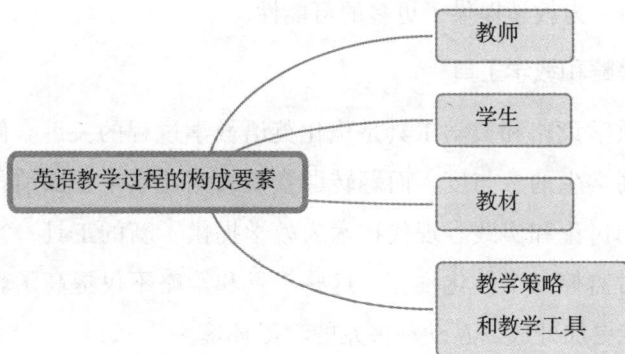

图 7-1　英语教学过程的构成要素

1. 教　师

教师在整个英语教学活动中具有多重身份。除了执行基础的教育任务外，教师还要营造和维护课堂氛围。他们需要具备高度的教育情怀和敬业精神，以激发和维持学生的学习热情。此外，教师还需要具有丰富的心理学知识，以识别学生的不同学习风格和学习需求，以个性化的方式进行教学。现代教育强调教师是学生成长道路上的"引路人"，他们不仅传授知识，而且教导学生如何学习、面对挑战和解决问题。

2. 学 生

学生在英语教学过程中不仅是知识的接收者，而且是知识构建的参与者。除了在教师的引导下学习外，他们还需要自主寻找、分析和运用信息。这要求学生具有批判性思维和问题解决能力，能够在复杂和多变的实际情景中应用所学的英语知识和技能。在这个过程中，学生将通过团队合作、交流、反思等方式，提高自己的社交能力和文化素养。

3. 教 材

教材的质量和内容设计直接影响着教学的成效。优质的教材不仅具备系统的课程设置，而且有助于激发学生的兴趣和参与度。教材应当具备可拓展性和多元性，能够适应不同教育环境和学生群体的需求。此外，随着科技的进步，电子教材和在线资源越来越多地被纳入教学之中，以其丰富的多媒体元素和互动性，为教学提供了更多的可能性。

4. 教学策略和教学工具

恰当的教学策略和教学工具是优化英语教学过程的关键。例如，游戏化学习可以提高学生的参与度，而翻转课堂模式则让学生在课前预习、在课堂上进行深入的讨论和实践。现代技术为教学提供了新的工具，实现了学生学习效果的实时监控和个性化推荐。这些工具和策略不仅提高了教学效率，而且有助于形成更加开放、互动和多元的学习环境。

（二）英语教学过程的注意事项

英语教学过程是一个复杂和动态的系统，涉及多个因素和层面。为了确保教学过程的有效性和高质量，教师需要关注一系列关键事项。

1. 学生与教材的关系

在教学过程中，教材要与学生的需求和能力相匹配。教材不仅应反映语言的基础结构，而且应考虑文化的敏感性和多样性。学生有着不同的学术水平、背景、兴趣和目标，适应不同水平学生的教学是复杂但必要的，这可能涉及不同层次的教材。例如，高级学生可能需要更深入地分析和批判性思考，而初级学生可能需要基础语法和词汇的练习。教师可以通过分组或层级教学解决这一问题，确保每个学生都能在适当的水平上得到支持。

2. 教与学的关系

教学过程不是信息传递的单一路径而是一个双向互动的过程，教师和学生共同参与并影响教学过程。教师需要运用多样的教学方法，从讲解和演示到小组讨论和项目实践，以适应不同学生的学习风格和学习需求。同时，学生需要参与课堂活动，积极地与教材、同学互动。教师可以通过实时反馈、课后评估等方式不断调整教学策略，以达到最佳的教学平衡。

3. 教师与教材的关系

教师应充分了解所用教材，包括其结构、内容和潜在的教学挑战或限制，并根据课堂实际情况做出相应的调整。如果某个主题或概念在教材中没有得到充分的解释或练习，教师应准备额外的教学材料或活动。同时，教师应注意教材能否激发学生的兴趣和参与度，这将直接影响学生的学习效果和持久性。

4. 基本因素的相互作用

教师、学生、教材、教学策略和教学工具不是孤立的，而是互相依赖和影响的复杂系统。如果教师没有有效地运用高质量的教材，或者学生没有积极地参与教学活动，教材的作用将无法充分发挥。因此，教师需要不断地评估这四个因素的相互作用，并根据需要进行调整。

5. 教学环境和社会文化因素的影响

课堂不是一个与世隔绝的空间，它受到教学环境和社会文化因素的影响。

例如，积极、包容和鼓励探究的学校文化将有助于教学的成功。同样，广泛的社会文化环境，如教育的普遍态度、特定学科或能力的重视程度，会影响学生的学习动机和参与度。教师需要对这些因素有所了解，以便更有效地设计课程和教学活动，以满足学生的需求。

三、信息化手段助力教学过程管理

信息化手段助力教学过程管理是一个现代化的教学管理模式，其中信息技术被广泛应用于教学活动和教学管理。该模式有两大核心要点：首先，信息化教学过程成为管理活动的核心对象，这意味着课堂组织、教学设计、学生评估等各个方面都会受到信息化的影响；其次，在管理活动中，信息技术不仅是一个工具，而且是一种策略或方法，以提高管理效率和教学质量。

（一）信息化手段助力教学管理的原则

依据信息化教学过程的特点，信息化手段助力教学过程管理应遵循以下几个原则，如图 7-2 所示。

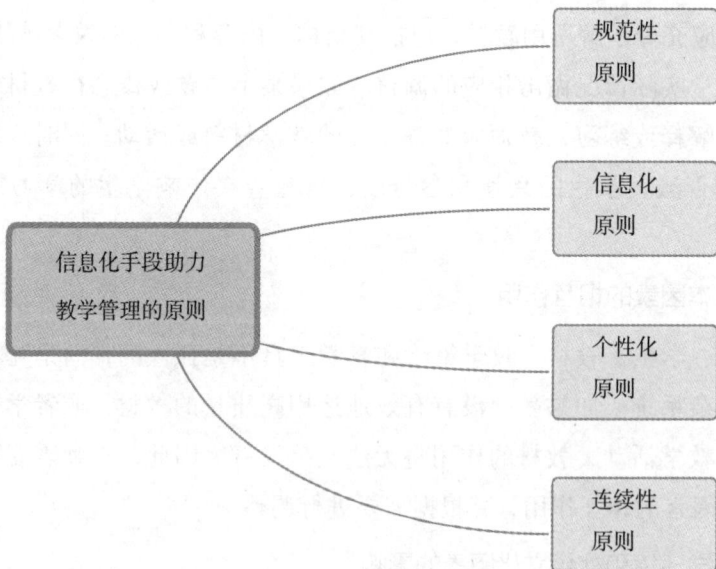

图 7-2　信息化手段助力教学管理的原则

1. 规范性原则

规范性原则是确保教学质量和管理效率的关键。在信息化手段助力教学过程管理中，这一原则意味着教师不仅要遵循教育学和心理学的基本法则，而且要积极地应用管理学和信息科学的现代理念。为了实现这一点，学校需要建立一套完善的管理制度和流程，涵盖教学设计、资源分配、学生评估等各个方面，并通过科学的数据分析和评价机制，持续优化这些制度和流程。

在规范性原则的指导下，各类教学活动和管理任务都需要明确的操作标准和评价指标。例如，作业批改、在线考试、远程教学等都需要相应的质量保证机制。规范化的管理不仅可以减少主观性和随意性带来的不公和误差，而且能确保教学活动按照预定的目标和标准有效进行。

2. 信息化原则

信息化原则强调运用先进的信息技术提升教学过程管理的水平。例如，通过人工智能和数据分析，教师可以更准确地评价学生的学习进度和成绩，以便提供更个性化的教学资源和教学指导。信息化原则意味着更新和升级传统的教学管理手段。教师和管理者需要具备相应的信息素养，以便有效地使用这些先进工具。通过深入的信息化，教学过程管理将变得科学、高效和透明。

3. 个性化原则

个性化原则强调尊重和发挥每一个学生的独特性。在信息化手段助力教学过程管理中，这一原则意味着采用先进的数据分析和人工智能技术，对每个学生的学习风格、兴趣和需求进行深入的了解和分析。通过这种方式，教师可以更精准地因材施教，而管理者则可以更有效地分配教育资源。

个性化管理不仅能提高学生的学习效率，而且能提升他们的学习动机和自主性。为了实现这一目标，教师和管理者需要不断地更新和完善个性化教学和管理的方法和工具，确保它们能够满足学生日益多样化和个性化的需求。

4.连续性原则

连续性原则强调教学是一个长期、阶段性的过程。因此，信息化手段助力教学过程管理也是连续和持久的，包括课程设计的连贯性、教学评估的周期性及教学改进的持续性。例如，通过持续追踪学生的学习数据，教师和管理者不仅可以及时发现和解决问题，而且可以更准确地规划未来的教学活动。

连续性原则要求教师和管理者对教学过程和学生发展有一个长期的规划。这意味着教师不仅要关注学生的即时表现，而且要关注他们的长远发展，包括知识的积累、技能的提升及品德的培养，确保教学活动在满足当前需求的同时，为学生的未来发展打下坚实的基础。

（二）信息化手段助力教学管理的应用

1.备课管理

在高职英语教学中，备课环节尤为重要。这一环节不仅是教学过程的起点，而且是确定教学效果的关键。信息化手段，特别是计算机和网络技术，在这里发挥着不可或缺的作用。教师可以利用网络资源进行教材的深入研究，收集与课题相关的丰富资料，并通过专门的教学管理系统整理和存储这些资料。此外，通过数据分析，教师还能准确地了解学生的学习需求和水平，从而设计出符合学生个性和学习目标的教案。在具体应用中，教师可以通过在线的教育平台进行模拟教学，以预判可能出现的问题，及时进行教案的修正和优化。这不仅提高了教师备课的效率，而且确保了教学质量的稳定和提升。

2.课堂教学管理

课堂教学是高职英语教学中的核心环节，也是需要精细管理的部分。信息化手段主要体现为实时的课堂互动和学生表现的记录。教师可以通过智能教学系统，如点击器、教学管理软件，实现一对一或一对多的实时交流，收集学生的反馈，及时调整教学策略。特别是在高职英语教学中，多媒体和网络资源能够丰富课堂内容，激发学生的学习兴趣。同时，教师可以利用这些平台记录学生的出勤、参与度、课堂答题等各项表现。

3. 作业的布置与批改的管理

在高职英语教学中，作业布置与批改是教学过程中不可忽视的环节。信息化手段，特别是教学管理系统，可以高效地管理这一环节。教师可以在平台上发布作业要求，学生可以在平台上提交作业。除此之外，一些先进的系统还可以自动批改选择题和填空题，让教师有更多的时间和精力批改主观题和提供个性化的反馈。此外，系统还可以自动统计和分析学生的作业完成情况和成绩，为教师提供宝贵的教学反馈。

4. 课后辅导管理

在高职英语教学中，课后辅导是弥补课堂教学不足和进行个性化教学的重要手段。通过计算机和网络技术，教师和学生可以在课后建立一个持久、灵活的交流平台。这不仅包括常规的在线答疑，而且包括与课程内容密切相关的各种互动活动，如在线讨论、小组作业等。信息化手段可以让教师更方便地追踪和记录每个学生的学习进度，以便进行更精确和个性化的辅导。

第二节　高职英语教学业务管理

一、教学业务管理概述

教学业务管理是学校教育系统中关键的组成部分，主要针对教学活动的各个方面进行有计划、有组织、有目标的管理，不仅包括课堂教学的方方面面，而且涉及课程设计、教材选择、教学评估、教师培训、学生评价等多个环节。简而言之，教学业务管理的目的是提高教学的质量、效率和效果，最终实现学校教育目标。教学业务管理的基本要求包括以下两个方面的内容。

（一）制订教学业务管理计划

教学业务管理计划的指导思想是以教学管理计划为根据，加强教学研究，提高教学质量。

1. 教学环境的评估与分析

教学业务管理计划的第一步是对当前学校教学情况进行深入的评估和分析，不仅包括教学质量和学生表现的数据量化，而且包括教学方法、课程结构、教材有效性等的观察和评价。这样的分析是计划制订的基石，便于准确了解现状，设定合适的目标，采取有效的行动。

2. 教学质量提升目标的明确

进行充分的现状分析之后，就可以设定明确的、量化的教学质量提升目标。这些目标应当具有可衡量性，如通过改进教学方法在一学年内提高学生的平均成绩等。同时，这些目标应是现实的、可达到的，以确保整个计划的可行性。

3. 教学策略与教学手段的优化

明确提升目标后，要筛选和优化能够达成这些目标的具体教学策略和手段，包括教材的更新、新教学方法的采用（如翻转课堂、在线教育等）、针对不同学生群体教学计划的设计等。

（二）加强管理组织系统建设

教学业务管理的基本要求可以从加强管理组织系统建设的角度来探讨。管理组织系统主要涵盖两个方面：一是教学业务的指挥系统，二是教学业务的研究和咨询指导系统。

1. 教学业务的指挥系统

教学业务指挥系统的核心在于构建一个高效、流程化的机构，以确保教学计划稳妥执行。其中，教务处负责日常的教学行政工作，如学生编班、教师配备、课程安排等。为了强化这一体系，必须明确教务处的职责与权限，以便集中管理资源。同时，人力资源的合理配置是不可或缺的一环，不仅包括教务管理人员的数量，而且包括他们的专业素养和管理技能。此外，还要借助现代信息技术工具，如教务管理软件，进一步提高教务行政工作的效率和准确性。

2. 教学业务的研究和咨询指导系统

教学业务的研究和咨询指导系统注重教学质量和教育创新，通常由专门的教研室或教研组负责，在提供教学研究信息和协助教学指导方面具有不可替代的作用。为了强化这一体系，要选择具有高度教学业务能力和一定组织管理能力的人员作为教研室或教研组的核心成员。制定常规工作制度，确保各项活动（如听课、评课、教学研究等）能得到有效的执行。与此同时，设立明确的研究方向和目标，以便更有效地推动教育创新。

二、信息化手段助力教学业务管理

（一）教学环境的优化

在高职英语教学中，信息化手段可以优化教学环境。例如，通过虚拟现实技术，学校可以创建一个模拟真实国际环境的英语教学平台。在虚拟环境中，学生可以与虚拟角色进行对话，从而提高他们在实际工作环境中使用英语的能力。此外，云计算技术也可以用于课程资源库的建立，包括各种电子书、音频、视频等，学生和教师可以随时随地访问这些教学资源。智能课堂也是信息化手段的一个重要应用。通过安装智能黑板、投影仪和其他现代教学设备，教师可以更灵活地进行多媒体教学，而学生也可以更直观地理解课程内容。例如，教师可以使用智能黑板实时显示词汇释义，以帮助学生更好地理解课文。

（二）教学信息的管理

信息化手段可以应用于教学信息管理，以提高教学质量和教学效率。教师可以使用学生信息管理系统，跟踪学生的出勤率、成绩和其他重要数据。通过这些数据的综合分析，教师可以更准确地了解学生的学习状态，从而提供更有针对性的教学。例如，通过数据分析，教师可能发现某一单元或主题的测试成绩普遍偏低，这就是一个教学改进的信号。基于这些数据，教师可以对该单元或主题进行再教学，或者安排额外的辅导和练习。

（三）外部合作与交流的加强

信息化手段有助于高职英语教学的外部合作与交流。通过网络平台，学校可以与国内外的教育机构或企业建立合作关系。例如，通过视频会议和在线研讨会，学生和教师可以与外国专家进行实时交流，从而获取最新的行业信息和教学方法。外部合作通过实际的工作场景或项目提供更贴近实际应用的英语教学，不仅能为学生提供更多的实践机会，而且让教师了解当前行业对英语能力的具体需求。

（四）教师专业的发展与培训

在高职英语教学中，信息化手段可以用于教师的专业发展和培训。例如，教师可以参与在线的教育培训课程或研讨会，以提高教学技能和专业知识。在线平台可以提供各种教学资源和案例研究，帮助教师更新教学方法和材料。此外，教师还可以通过社交媒体和专业网络平台与其他教育工作者进行交流和分享。这样的平台通常提供各种教学方法和技巧，教师可以从中获取灵感和新知识。

第三节　高职英语教学质量管理

一、教学质量管理概述

教学质量管理是一个多维度、多层次的系统化过程，旨在有效地规划、执行、监控和改进教学活动中的所有关联因素。它涉及教学内容、教学方法、评价机制，而且延伸到课堂氛围、师生互动、教学资源等方面。教学质量管理是一种以结果为导向的管理模式，不仅关注教学过程的流畅性和高效性，而且关注学习效果和学习目标。

（一）输入与输出的双重考量

输入与输出的双重考量在教学质量管理中是非常关键的。从输入的视角分析，教学质量管理包括教师资质、教材和教具的深入考量。例如，教师专业素质不仅涉及学科知识，而且涉及教育心理学、教学方法论等多方面的能力。教材质量涉及内容的科学性、适应性、先进性、接受性等。

从输出的角度看，评价学生不能只关注学习成绩，还应关注解决问题的能力、与人协作的软技能，以及持续学习和适应变化的能力。因此，教学质量管理的输出评估是多元化的，包括标准化考试、能力测评、综合素质评价等多个层面。

（二）多个变量组成的复杂系统

教学质量管理是一个交织着多个变量的复杂系统。其中，教学内容应具备科学性、多样性和包容性，以满足不同学生群体的需要。教学方法与时俱进，不断吸纳新的教育理念和技术。评价机制的公正性是教学质量稳定性和可持续性的保障，不公平的评价机制会导致学生士气低落。支持性、鼓励性和激励性的教学环境能够促使学生参与教学活动，从而提高教学质量。

（三）持续不断的过程

教学质量管理是一个持续迭代的过程，需要集成各种反馈机制，不仅包括教师的反思和调整，而且包括教学质量的周期性评估和改进措施的实施。教师的主观努力是核心，这种努力需要得到有效的支持和指导，如学校管理层的政策支持、教研组或其他专业机构的专业培训和指导。这一切都是为了实现教学质量持续、稳定的提升，适应不断变化的教育需求和社会期望。

二、信息化手段助力教学质量管理

在高职英语教学中，信息化手段为教学质量标准的确定、教学质量检查的开展和教学质量分析的进行提供了支持和解决方案。

（一）确定教学质量标准

教学质量管理的核心是明确教学质量标准。教学质量标准作为教学的目标和评价依据，可以为教学工作提供方向和目标。教学质量标准的确立不是简单的任务，需要多层次、多维度去考量。

1. 普适性与可量化性

教学质量标准的普适性和可量化性是评估其有效性的基础。普适性确保教学质量标准适用于不同学科、年级和教育层次。这意味着教学质量标准应具有足够的灵活性，以适应不同课程和教学方法的特点。可量化性意味着教学质量标准可以转化为明确的评价指标，如考试成绩、项目完成率等，从而进行精确的测量和分析。可量化性方便教学管理人员和教师进行数据分析，迅速识别需要改进的领域。

2. 一致性

教学质量标准与课程目标、教学大纲具有密切的联系。这确保了评价体系与教学活动有着直接的联系，同时与更宽泛的社会要求和职业需求保持一致，通常涉及多方的合作，如教师、课程设计专家、咨询人员。这样的多维度合作不仅能保证教学内容的实用性，而且能确保教学目标与当前社会发展趋势的匹配。

3. 动态性

教育是持续演变的，因此教学质量标准也是动态的。这意味着教学质量标准需要一个定期审查和更新的机制，通常由专门的委员会或部门执行。动态性的教学质量标准才能适应日新月异的学科知识和社会需求。

4. 透明性与参与性

教学质量标准的建立过程是开放的、包容的，这不仅提高了标准的公信力，而且有助于广泛收集意见，形成更具代表性和接受度的标准。教师、管理人员、学生都应有机会参与这一过程。

5. 有效性

任何标准的制定和实施都需要充分的数据支持，包括前期的需求分析，后期的试点运行，以及长期的效果评估等。通过数据分析，量化标准的有效性，才能为未来的教学改进提供依据。这通常需要教育研究人员和数据分析专家的紧密合作，确保教学质量标准是建立在坚实的科学基础之上的。

（二）开展教学质量检查

教学质量管理是多层次、多方面的，涉及多种检查和评估方法，以确保教学活动达到预定的教学目标和教学标准。

1. 了解教学情况

（1）听课评估。听课评估是教学质量管理的直观了解，对教育管理者来说是一项至关重要的任务。听课评估可以按照预定的计划进行，通常用来了解课程的教学大纲和实施情况。听课评估的重点不仅在于教师的教学方式和教学方法，而且在于学生的互动质量、课堂氛围、教学材料的使用等。此外，评估团队会参考事先设定的教学质量标准进行评价，并在课后向教师反馈，以便其进行针对性的改进。

（2）备课和作业检查。备课和作业检查不仅是了解教师教学准备和学生学习状况的重要手段，而且是一种多维度的教学质量评估。教案的完整性、逻辑性和实用性可以反映教师的教学计划和组织能力；学生作业的质量和完成度可以反映教学效果和学生的学习进度。这种检查通常按照一定的时间表进行，并结合相应的标准和指标。通过随机抽查教案和作业，了解教师和学生是否持续遵循教学和学习的规范和要求。

（3）学生座谈会。学生座谈会是一种非正式但有效的了解教学情况的方法。它提供了一个平台，让学生自由地表达对课程内容、教学方法、教学资源等的看法。这种直接的反馈对教育管理者来说是非常宝贵的，是学生的实际感受和需求。只有了解学生在学习过程中遇到的具体问题，如理解难度、作业负担、教学速度等，才能进行精确的、个性化的教学改进。

2. 建立学生学习档案

（1）考试成绩追踪。每个学生从入学开始就应建立一个详尽的学习档案，其中最基础的部分就是考试和评估成绩的追踪。这不仅有助于教师和管理者了解学生的学术表现和成长轨迹，而且有助于制订个性化的教学计划。

（2）知识和技能评估表。除了考试成绩外，学习档案还应包括更多维度的信息，如知识和技能的评估。这是基于实验、项目、团队合作等多种形式的评估。例如，对于科学实验，评估学生的实验设计能力、数据分析能力和实验报告写作能力；对于团队项目，评估学生的团队合作能力和领导能力。

（3）综合评价。现代教育越来越注重多维度发展，因此学习档案应该包括学生的自我评价、同学和教师的多角度评价，以及课外活动和社会实践的表现。这些信息不仅为学生的成长提供了全方位的视角，而且为教育管理者提供了多元的了解，以便精确地进行教学质量管理。

（三）进行教学质量分析

1. 教与学的双重分析

在教学质量管理中，基础且关键的一环是"教与学"的科学分析。首先，教师的教学质量涵盖了教师的专业知识、教学策略、课堂管理、与学生的互动等多个方面。运用教学观察、教学反馈问卷、教学设计、案例研究等多种方法，综合评价教师的教学质量。其次，学生的学习效果不仅与教师的教学质量有关，而且与学生的学习动机、学习策略和外部环境（如家庭、社会等）有关。因此，除了传统的考试成绩分析外，还应引入学生的自我评价、学习风格测试、学习动机问卷等，全面了解学生的学习状况。

2. 教材特性分析

任何一门课程的教学都离不开教材，教材特性分析是教学质量管理的重要内容。一方面，对比历年教材，分析其与当前学科发展趋势和理论体系的对接度，以及内容的深浅变化，评估教材的时效性和适应性。例如，随着科技的快速发展，某些科学技术课程的教材需要频繁地更新。另一方面，根据学生的接受能力评价教材的难易度。运用认知负荷理论，评估教材内容是否过于复杂或过于简单。

3. 学科与班级成绩的宏观分析

统计学在教学质量管理中扮演着至关重要的角色。通过数据分析，从宏观层面把握各学科在各班级中的表现，以及学生成绩的发展趋势。例如，运用平均分、标准差、分数分布等统计指标，分析全年级或全校学生的学科表现，进而找出可能存在的问题。同时，统计各班的优秀学生人数、作业和试题的正确率，细致地分析学生的学习情况和教师的教学方法，从而进行更有针对性的改进措施。这一切都要与先前设置的教学目标、教学标准相对照，以便教师做出更科学、合理的教学决策。

第四节　高职英语教学监控管理

一、教学监控管理概述

教学监控管理是一种动态、系统性的管理过程，旨在确保教学活动的质量和效率，涵盖课堂教学指导、课外指导、教师评价、学生评估。其核心目的是识别、分析、解决和预防教学过程中可能出现的问题，以促进教育目标的有效实现。

从质量维度来看，教学监控管理关注教学活动能否实现预设的教育目标，包括学生的知识掌握程度、技能水平、综合素质。这一维度通常通过各种指标、测试成绩、问卷调查等量化和评估。信息化手段，如大数据、人工智能，能够在这一过程中起到加速和提高准确性的作用。从过程维度来看，教学监控管理关注教学过程中各个环节设计是否得当，包括教学计划的制订、执行和调整，教材的选择和使用，教师和学生的互动质量等。这一维度需要实时监控，以便快速发现问题、解决问题。

值得注意的是，教学监控管理并非单纯的"监视"或"控制"，而是一种以提升教学质量为目标的管理活动。这意味着发现问题和进行干预的同时，注重激发教师和学生的主观能动性，鼓励创新和探索。此外，教学监控管理还具有预见性，不仅解决当前的问题，而且预测未来可能出现的问题。这通常需要大量教学数据的分析和挖掘，以便找出问题的根本原因，从而制定更有效的解决策略。

二、实施教学监控管理的途径

（一）组建教学监控管理机构

教学监控管理的实施需要有专门的组织架构，其目的在于确保教学活动的质量和效果。在高职英语实践教学中，这一机构应当按照多层次的管理模式运作，包括校级、院级和系级三个层面。

1. 校级层面

在高等教育体制中，校级层面的教学监控管理机构起着至关重要的作用，通常归属于教务处或其他相应的管理机构。这个机构不仅是指导者和规划者，而且是质量的最终把关者。

例如，教学监控管理机构根据多年的教学经验、研究数据设定高职英语专业的教学标准和评价准则。这一过程可能涉及多个内部和外部利益相关方的合作和协调，以确保标准的实用性。同时，该机构与院系进行沟通，获取实践教学的反馈，并据此调整或完善校级的教学方针和教学计划。其目标是确保各个层面的教学活动都在统一和科学的大框架内进行。此外，该机构还负责监控和评估教学质量，这通常通过定期的审核、评价和数据分析实现。借助这些方法，校级机构可以识别潜在的问题，并适时推动改进措施。

2. 院级和系级层面

与校级机构不同，院级和系级的教学监控管理机构关注具体和微观的问题。首先，各院系可以根据自身专业特色和教学需求设立专门的教学监控小组，主要负责实践教学活动的详细审查。具体的审查和监控手段可能包括实地考察、教学数据分析、学生和教师的反馈收集等。例如，通过数据分析，小组可以准确评估学生在实践教学中的参与度、成绩和其他相关指标，以及教材和教学方法的有效性。除了数据分析外，实地考察和观察也必不可少，通过实践教学场所和过程的直接观察，能准确地评估教学活动的执行情况。

（二）加强教学监控管理制度建设

1. 加强学生评教制度建设

教学监控管理不仅是教育者的责任，而且需要学生的积极参与。在构建有效的教学监控管理制度的过程中，要高度重视学生的主观反馈、加强学生评教制度建设。例如，每学期末启动一系列学生自愿参与的教学质量评价活动，通过特定的反馈表格或者数字平台收集学生对实践教学环境、教学过程、教学手段、课程内容等方面的看法和建议。

为了提高反馈的精准性和可操作性，通过信息化手段分类和汇总学生的意见，以便管理部门能够在短时间内针对性地进行教学调整。同时，从毕业生那里收集实践教学的评价。这不仅可以为教学质量提供更多维度的评估，而且能为未来教学改革提供宝贵的第一手资料。

2. 加强教学课程考核制度建设

教学课程考核制度建设是一个系统性、多角度的任务，不仅需要学生、教师等的共同参与，而且需要细致的规划和持续的优化。高职院校的教育工作者需要重新审视和加强教学课程考核制度。考核制度的多元化不仅能准确地反映学生多方面的能力，而且能激发他们对实践教学的积极性，从而提高教学质量。

（1）考核制度是多角度的。包括考核学生在课堂上的表现和基础专业知识，评估他们在实践教学环节表现出来的创新能力和应用技能，可引入项目评估、团队协作、实际操作等多种考核方式。例如，通过模拟项目或真实场景任务，测试学生的实际操作能力和解决问题的能力。

（2）考核制度是公正的。通过随机抽查学生的实践报告和成果，审核教师的批阅和点评，在一定程度上确保考核制度的公平性。这不仅能够准确地识别出教学过程中存在的问题，而且能及时调整教学计划。

（3）双重反馈是多元化考核制度不可或缺的一环。包括学生和教师的反馈。学生可以通过匿名问卷或开放性的讨论，提供对课程内容、教学方法、考核方式的看法和建议；教师可以通过定期的教学反思和同行评审，进一步优化教学方案和考核制度。

3. 加强合作企业监控制度建设

在高职英语实践教学中，与企业的合作直接影响着教学质量和学生的实践经验，因此，建立健全的合作企业监控制度十分重要。

首先，对于合作企业，应制定一套详细的评价标准和考核机制，不仅包括企业的基础设施和工作环境，而且涵盖企业为实践教学提供的具体岗位、任务内容、实践时长等，并定期更新标准和机制，以适应教育和行业的变化。其次，应实施定期的调研和考评活动。这些活动可以通过问卷调查、实地考察、企业管理者的深入面谈实现。这些多维度的信息收集将有助于了解合作企业在实践教学方面的表现。再次，根据调研和考评结果，教学管理部门应及时与合作企业沟通，明确需要改进或优化的地方。如果某合作企业长期存在问题且不改进，应暂停或终止与其的合作，并积极寻找更合适的合作伙伴。最后，考虑到数据分析在现代管理中的重要性，应引入数据分析工具，实时监控合作企业的表现。例如，通过跟踪学生在实践环节的绩效数据，或者量化评估企业提供的实践教学资源，准确了解实践教学的质量。

（三）多元主体共同实施教学监控管理

1. 教师同行监控

在高职英语教学中，教师同行监控不仅是一种有效的质量保证手段，而且是教师专业成长的有力推动器。这一监控模式能跳出单一教师视角的局限性，为教学质量和教师自身素养的提高提供多维度的反馈。一方面，英语教师不仅需要具备扎实的专业知识，而且需要具有丰富的教学方法和教学手段。通过同行监控，英语教师能在更广泛的范围内吸取优秀的教学经验，创新教学方法，从而更好地满足学生多样化的学习需求。另一方面，同行监控可以是多样的。课堂观察、视频记录、教学案例分析等多种监控方式能够让英语教师从不同角度了解实践教学的状况，有助于从宏观和微观两个层面把握教学质量。此外，同行监控还能作为一种自我修养和自我激励的机制。在同行评价的过程中，教师不仅能从其他教师那里获得有价值的反馈，而且能通过自我反思找到不足，从而有针对性地改进。这种形式的互动性和反馈性提升了教学质量和教师自我管理能力。

2. 学生监控

在高等职业教育背景下，学生监控机制是教学质量保证体系不可或缺的组成部分。现代信息技术，如在线问卷、移动应用、学习管理系统等，有助于高效、直接地收集学生对实践教学的反馈。这些反馈涉及教学内容、教师表现、课程设计、教学资源、实践场地等多个方面。

学生监控不应是单向的，而应是双向甚至多向的。例如，设置定期的"实践教学评议会"，让学生、教师、合作企业代表共同参与，共同分析实践教学的成效和问题，共同探讨解决方案。这种多方参与的方式不仅能增强反馈的多样性，而且能增强各方的责任感。学生监控的数据和反馈被用来制定或调整教学策略。这需要学校管理层给予足够的重视和响应，如设立专门的教学质量改进基金。此外，为了确保学生监控的有效性，要对学生进行持续的教育和培训，让学生明白他们在教学质量保证体系中的地位和作用。

3. 行业专家监控

高等职业教育机构可以与各类商务组织、专业协会或行业监管机构建立战略合作关系，定期邀请行业专家参与实践教学的审查和评估。他们可以为课程设计、实践项目设置、教学材料选择等提供宝贵意见，确保教学内容与当前行业标准、实际需求保持一致。行业专家可以参与定期的教学评议会，与教师、学生一同分析教学过程中出现的问题，提出解决方案，不仅可以加强教学质量的监控，而且有助于形成多方参与、多元评价的健康教学生态。行业专家可以负责实践教学成果的外审，包括学生的项目报告、实际操作成果、其他形式的学术或技术作品等，准确地了解实践教学活动是否真正符合行业要求，从而调整教学策略。

三、信息化手段助力教学监控管理

在高职英语教学背景下，教学监控管理的重要性不言而喻。信息化手段提供了一种现代、精准和高效的方法，确保教学活动的质量和效率。

（一）人工智能与个性化推荐

借助人工智能技术，高职英语教学可以精准地满足不同学生的需求。人工智能技术可以分析学生的在线活动，如测试成绩、互动次数、完成作业的速度，生成个性化的教学推荐。这种个性化的教学方式不仅能够提高学生的知识掌握程度和技能水平，而且能激发他们的主观能动性和学习热情。因此，这一方法与教学监控管理的质量和过程维度都密切相关。通过人工智能技术的实时分析和预测，教师和管理者可以更早地识别教学问题。

（二）区块链技术在课程管理中的应用

区块链技术为教学监控管理提供了透明、不可篡改的记录系统。在高职英语教学中，这一技术可以确保教学活动的准确性和真实性，教学计划的制订、课程的执行、教师与学生的互动等都可以纳入监控范围。由于其不可篡改的特性，区块链技术可以增强教学活动的信任度，从而提高教学质量。同时，由于这一信息化手段具有很高的实时性，能够帮助教师和管理者快速发现问题，强化教学监控管理的过程维度。

（三）实时数据仪表板与教学决策支持系统

实时数据仪表板结合大数据分析与可视化技术，为教师和管理者提供了一个直观的界面。在高职英语教学中，这种仪表板可以显示多个教学指标，如学生出勤率、作业完成率、在线讨论活跃度等。此外，教学决策支持系统可以进一步分析这些数据，为教师提供更具针对性的教学策略和干预措施。这不仅增强了教学监控管理的质量维度，而且能通过量化和评估，实时跟踪教学过程，快速识别并解决潜在的问题。

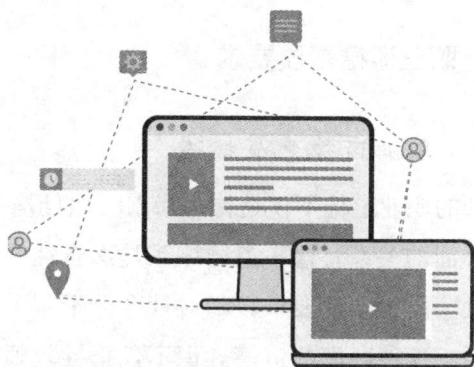

第八章

信息化教育对高职英语
教师的要求

第一节　高职英语教师的一般素质要求

一、职业道德素质要求

（一）职业道德素质概述

教师的职业道德不仅是行为指南，而且是一种内在的价值观和信念体系，涵盖多方面的关系。这一道德体系是综合性的，包括道德意识、道德规范和道德情操。道德意识要求教师对社会公平、个体尊重、权利和义务等具有深入的理解。这种高度的道德意识不仅指导教师在教学中避免偏见、强调平等和多元，而且促使他们注重培养学生的社会责任感。在这一认知基础上，道德规范为教师在具体行为层面提供指导，涉及课堂纪律、教学评价等方面。这些规范不仅确保了教学活动的正当性和有效性，而且间接地向学生传递了道德价值。道德情操包括教师在个性和情感层面上应具备的品质，如敬业精神、同情心、耐心、责任感等，不仅影响教师个人的职业发展，而且对健康、有效的师生关系具有深远意义。值得强调的是，无论教育体系和教学方法如何演变，这些道德要素的核心价值是恒定的。在复杂多变的社会环境中，教师不仅是知识和技能的传播者，而且是文明和价值观的传承者。

（二）职业道德素质与教学质量

强烈的职业道德不仅是教师个人成长和职业成功的基础，而且是推动教学质量持续提升的关键动力。这样的道德观念激励教师发展专业技能，包括英语水平和授课技巧，驱使教师创造更多促进学生学习和发展的机会。具有强烈职业道德的教师会不断地反思和调整教学方法和教学策略。例如，在课外寻找各种补充材料，以丰富课堂内容、弥补教材的缺漏。这种主动性和创造性不仅有助于提高教学质量，而且能增强学生的学习兴趣和动力。同时，强烈的职业道德意味着教师面对教学中的困难和挑战时，会持续地进行自我反思和自我修正。这一点符合教师的核心价值观，即热爱自己的职业，关心和尊重每一个学生，对教学工作持认真负责的态度。

在教师的职业道德体系中，意志力占据着不可或缺的地位。教师在教学过程中不仅需要应对学生多变的学习需求，而且要面对各种教学挑战。这就要求教师具备坚定不移的意志力和问题解决能力。高职学生在英语学习过程中遇到的问题多种多样，教师需要具备探究性的思维和不断自我提升的勇气，通过实践探索解决问题的各种方法。教师要有自我发现和自我修正的能力，即使面对个人生活中的烦恼和困扰，也要有足够的自控力，确保这些烦恼和困扰不会影响教学。

意志力强的教师往往在职业道德素质和教学质量上表现出色，在复杂多变的教学环境中能够保持冷静，认真对待教学和学生。这不仅能够提升教学质量，而且能影响和提升学生的学习态度和学习效果。教师的这种持久的意志力和高尚的职业道德还会进一步激发学生的学习热情，从而形成良好的教学循环。同时，这有助于教师形成自身的职业满足感和成就感。在这个过程中，教师的职业道德素质不仅提升了教学质量，而且促进了教育整体水平的提高。

（三）职业道德素质与专业发展

教师除了热爱岗位和学生外，还应该树立正确的专业认同感和专业发展意识。

专业认同感在教师职业道德体系中起着至关重要的作用。具有高度专业认同感的教师会明确自身在教育领域中的角色和定位，并将此作为自我要求和自我管理的出发点。这种自我规范不仅有助于教师实现个人目标和职业目标，而且能为教学质量提供可靠保证。具备这种认同感的教师始终以专业标准为准绳，并逐渐认识到自身的专业成长是一种责任和义务。这样的教师通常注重自我提升，不满足于现有的教学水平和知识储备，将持续的学习和改进视为职业要求。

专业发展意识与专业认同感紧密相关，且对教师的职业成长至关重要。

拥有强烈专业发展意识的教师会主动寻找和把握自身发展的机会和路径；会以一种开放和发展的心态面对不断变化的教学环境和教学需求。这种意识驱使他们在教学实践中不断地更新观念、方法和技巧，以适应不断发展和变化的教育需求。具体来说，他们会积极参与专业培训，勇于尝试新的教学方法，甚至主动进行教学研究，提升自身的科研水平。具备专业认同和发展意识的教师能在教育的广阔天地中找到自己的定位，为学生和社会做出更有价值的贡献。

二、专业学科素质要求

（一）专业的知识储备

在信息化时代，高职英语教师面临着诸多新挑战。除了承担传统的教学职责外，他们还需要储备跨学科和多元化的知识。一方面，语言基础功是高职英语教师的核心素质。这不仅指词汇和语法的掌握，而且指信息的有效传达。在信息化时代，教师需要熟练掌握和运用各种在线资源和教学平台，以适应不同学习环境和需求。另一方面，高职英语教师还需要具备与学生未来职业路径密切相关的专业基础知识。例如，负责商务英语课程的教师不仅需要了解商务交流的常用词汇和表达方式，而且需要对商业模式、营销策略等有一定的了解。对负责旅游英语课程的教师来说，除了掌握旅游相关的语言表达外，还需要掌握一些基本的旅游知识，如旅游规划、目的地推广等。这种专业基础知识不仅能够让教师在授课过程中得心应手，而且能帮助学生更好地将英语知识应用到实际工作中。

除了基础的英语语言知识外，教师还需要具备一定宽度和深度的跨学科知识。这种需求源于两个方面：一是学生问题的多样性和开放性，二是教师自身形象和权威的维护。

互联网的普及让信息获取变得便捷，这意味着学生会在课堂上提出各种各样的问题。这些问题往往具有高度的开放性，不仅涉及英语语言本身，而且可能延伸到文化、社会、科技等多个领域。因此，教师需要具备足够广泛的知识体系，以便应对各种问题，进而引导学生进行更深入的思考。

（二）较强的英语技能

在信息化时代，高职英语教师不仅需要具备扎实的英语语言知识，而且需要具备较强的英语语言技能，尤其是在语言表达和英语写作方面。教师需要通过网络平台，如在线课堂、社交媒体、教育软件，用英语清晰、准确、流畅地表达自己的观点，有效地传达知识，激发学生的学习兴趣，并建立良好的互动关系。

与此同时，信息化时代向教师提出了更为复杂和多元的要求。除了基础的语言技能外，教师还需要具备跨文化交流的能力和批判性思考的能力。在教学过程中，教师不仅教授语言，而且要引导学生理解和分析不同文化背景下的信息。这意味着教师需要有能力帮助学生识别和理解不同文化，培养他们有选择性地吸收外来文化的能力。通过这样的教学方法，教师不仅能够丰富学生的知识储备，而且能有效地提高学生的人文素养和批判性思维能力。

（三）先进的教育理念

1. 教育理念概述

在教学领域中，不断发展和更新的教育理念对教学质量的提高有着至关重要的作用。对英语教师来说，在全球化和信息化日益加剧的当下，以下几种先进的教育理念值得关注和应用。

（1）以学生为中心的教育理念。这一理念主张教学应围绕学生的需求、兴趣和潜能进行，强调学生应是教学过程中的主动参与者。在这种教学模式下，教师转变为引导者和协调者，需要通过探究式学习、项目式学习或问题式学习等方式激发学生的学习兴趣和主动性。这种教学模式有助于培养学生的自主学习能力、批判性思维和解决问题的能力。与传统的以教师为中心的教学方法相比，这种方法更能适应多样化和个性化的教育需求，更加注重学生的全面发展。

（2）合作学习的教育理念。这一理念着重于学生之间、学生与教师之间的互动和合作。与传统的教学方式相比，合作学习促进了团队合作。在这种教育环境中，学生参与小组讨论、合作研究等，可以从不同角度理解、解决问题，同时提升社交、沟通和团队合作的能力。教师在合作学习中充当指导和协调的角色，需要设计合适的教学活动，以确保每个学生都能在合作中发挥特长。

（3）多元文化教育理念。这一理念强调教育应该反映和尊重多元文化背景下的多样性，核心目的是增强文化意识、互相理解，减少偏见。在教学过程中，教师需要引入不同文化背景的内容和观点，不仅有助于学生建立正确的世界观，而且能教育他们更好地与来自不同文化背景的人交流和合作。

（4）终身学习的教育理念。终身学习的教育理念主张学习是一个持续的、终生的过程。在这个快速发展和不断变化的社会中，单一的教育阶段已不能满足人们的学习需求和发展需求。因此，教育的目的不仅是让学生掌握一定的知识和技能，而且是培养他们自我学习、自我发展和适应变化的能力。教师需要树立终身学习的观念，鼓励学生持续地追求新知、解决问题，并在不同的生活和工作阶段灵活地运用所学知识和技能。

2. 信息化时代的英语教育理念

在信息化时代，英语教育理念经历着重大的转型。传统的教育理念，如以教师为中心的教育理念，逐渐被时代淘汰，而先进和人性化的理念开始流行。这一理念强调学生为中心的教学模式。在这一模式下，学生不再是被动接收信息的容器，而是教学活动的主动参与者。他们在教师的指导下，参与课堂互动，与其他学生分享信息和观点，从而更深刻地理解和掌握英语。教师在这一过程中不仅提供必要的知识和工具，而且监督学生的学习进程，并在必要时调整教学策略。

这一理念还强调教师要充分利用教学资源和工具开展教学活动。如今，互联网、多媒体、虚拟现实等先进技术都可用于教学活动，极大地丰富了课堂教学的形式和内容。例如，教师可以通过在线平台与学生实时互动，或者使用虚拟现实技术模拟真实的语言环境，增强学生的学习兴趣和动机。当然，这种新型教育理念并没有忽视教师的角色，而是重新定义了教师在教学活动中的地位和功能。教师不仅需要具备传统的教学技能和知识，而且需要掌握现代教育技术和方法，有效地整合各种资源，以满足学生多样化的学习需求。在这一过程中，教师的监督和管理能力十分重要。

（四）开放的思维方式

在思维科学中，创造性思维被视为有价值的思维形式。它不仅是问题解决的关键，而且是推动科技、艺术和社会进步的重要驱动力。创造性思维的实质是运用新的思路、技术和方式解决问题、应对挑战。一般而言，创造性思维具有四个特征：独特性、多向性、综合性和发展性，如图 8-1 所示。

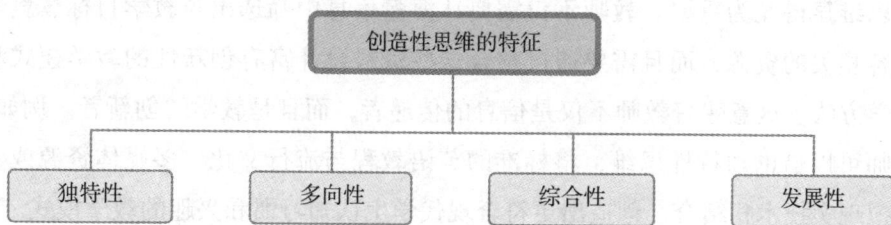

图 8-1　创造性思维的特征

1. 独特性

创造性思维的首要特征是独特性，即能够打破传统和习惯性的认知框架，从全新的、独特的角度看待和解决问题。这种独特性使得创造性思维具有颠覆性和突破性。

2. 多向性

创造性思维包含发散性思维和聚合性思维。发散性思维是从多个角度、多个维度考虑问题，产生多种可能的解决方案。聚合性思维是从多样的选项中选出合适、有效的解决方案。二者相辅相成，共同构成了创造性思维的多向性特征。

3. 综合性

创造性思维通过综合和分析归纳抓住主要矛盾，这需要高度的分析能力和逻辑推理能力，以确保在解决问题的过程中，权衡、综合各个因素。

4. 发展性

创造性思维具有一定的发展性，不仅能解决当前的问题，而且能预测未来可能出现的问题。这种特质的思维能在不断变化的环境中保持前瞻性和适应性。

在信息化时代，高职英语教师应以创新的思维方式进行教育创新和教学科研。其中英语教师的独特性思维、多向性思维、综合性思维和发展性思维将发挥重要作用。

在信息化时代，高职英语教师面临着丰富且复杂的在线教学资源，独特性思维显得尤为重要。教师不仅需要从海量信息中筛选出与教学目标、教学内容相关的资源，而且需要通过整合这些资料设计富有创新性的教学模式和教学方法。这意味着教师不仅是信息的传递者，而且是教学的创新者。例如，教师可以借助独特性思维，将标准的英语教程与流行文化、多媒体资源或者虚拟现实技术相结合，创造出更符合现代学生认知习惯和兴趣的教学模式。

多向性思维要求高职英语教师具有分析和归纳网络信息资源的能力。教师需要具备筛选、整合和应用多元资源的能力，以优化教学过程。例如，教师可以通过社交媒体、在线教育平台、专业论坛等途径，获取某个主题或技能的不同视角和方法。

综合性思维强调教师应将英语专业学科知识与现代信息技术、多媒体技术等整合起来。教师应通过综合性思维，将课堂教学、在线教育、多媒体教学资料等多种元素有机结合，从而实现教学目标。具体来说，教师可以设计含有互动元素的在线课程，或者利用多媒体资源（如视频、动画等）丰富课堂教学。

发展性思维要求高职英语教师具有前瞻性视角。随着信息技术的快速发展，教育模式和教育工具也在不断演变。例如，随着虚拟现实、人工智能等新技术的应用，未来的教学方式会越来越个性化和智能化。教师需要预测这些变化对未来教学工作的影响，并做好准备。

三、科学研究素质要求

英语教师的科学研究素质需求是多层次、多维度的,可大致分为哲学理论(本体论)、实践操作(实践论)和具体方法(方法论)三个层次。

从本体论的角度看,英语教师需要对语言本身和语言学习过程有深刻的理解,包括语言本质特征、第二语言学习心理过程、学习者个体特征差异的认识。这种理论和哲学问题的关注能帮助教师建立深刻的教学观念,从而更好地应对教学实践中的各种问题。在实践论层次上,英语教师应具备一定的计划能力,包括教学大纲的制定、教材的选择或编写、学生语言技能的培养等。此外,教师还需要掌握各种测量和评估学生学习成绩的方法,以确保教学质量和效果。在方法论层次上,英语教师需要熟悉并灵活运用各种具体的教学方法和教学手段。这不仅要求教师具有一定的创新性和灵活性,而且要求其能根据不同学生的需求和特点,个性化地调整教学方法。

高职英语教师科学研究素质的提升应聚焦于以下几个关键点,如图8-2所示。

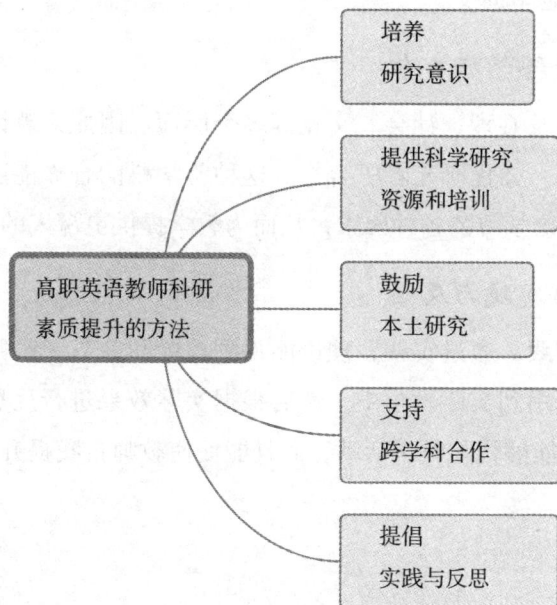

图 8-2 高职英语教师科学研究素质提升的方法

（一）培养研究意识

教师的研究意识不仅有助于提升教学质量，而且有助于推动整个教育体系的前进。在日常教学活动中，教师会遇到各种问题和挑战，这正是开展科学研究活动的起点。通过系统性研究，教师可以准确地识别问题，找出解决方案，并不断优化教学方法。因此，教师应养成持续学习和探究的习惯。

（二）提供科学研究资源和培训

教育部门和学校应认识到教师科学研究素质的重要性，并在政策和实践层面给予支持，如提供科学研究经费、构建在线资源库、组织专业研讨会和培训课程等。这不仅可以降低教师进行科学研究的门槛，而且能帮助他们在短时间内提升科学研究能力和教学质量。

（三）鼓励本土研究

中国有着独特的文化和教育环境，应鼓励教师进行本土化的研究，如考察中国学生的学习习惯、文化背景对英语学习的影响等，从而找出更适应中国实际的教学方法和理论。

（四）支持跨学科合作

英语教学涉及心理、社会、文化等多个层面。因此，英语教师应与心理学家、社会学家、文化研究者等合作。这种跨学科的合作能够从多角度、多层次研究影响英语学习的各种因素，从而为教学提供更深入的支持。

（五）提倡实践与反思

理论指导实践，通过实践，理论能得到检验和完善。教师应将科学研究成果和新理论应用到实际教学中，然后根据实际效果进行反思和调整。这样的反馈循环不仅能够优化教学活动，而且能促使教师自我提升。

四、实践能力素质要求

（一）沟通能力

现代教育学理论不再将教学视为单纯的知识传输过程，教育实质上是一个师生沟通的过程。在实际的教学场景中，面对相同的学生群体，教师的表现可能截然不同。其中一个决定性的因素就是教师的沟通能力。高效的沟通可以让课堂氛围活跃，促进信息的准确传递和学生的深入理解；不良的沟通会导致课堂氛围压抑。为了实现教育目标、提升教学质量，教师需要不断地提升沟通能力。

1. 语言准确性与清晰性

作为英语教师，掌握准确且清晰的语言技能是基础职责之一。准确、清晰的语言能更好地传达课程内容，减少误解和信息损失。精准的沟通不仅能提升教学质量，而且能激发学生的学习兴趣。教师应持续提升这方面的能力，这不仅有助于学生更好地理解课程，而且能提高教学满意度。

2. 听力与反应敏感性

优质的沟通不是单向的信息传递。教师需要具备出色的听力和观察力，能迅速捕捉学生的疑惑、困扰或兴趣点，从而即时调整教学策略，满足学生的需求。例如，观察到学生在某个知识点上有困惑时，教师应迅速解答，或用另一种方式重新解释，以确保学生能够理解。

3. 非言语沟通

肢体语言、面部表情、说话的音调和节奏等非言语元素在沟通中扮演着重要角色。简单的微笑、肯定的点头或眼神交流都能增强教学效果，以及师生之间的信任感。优秀的英语教师应当意识到这些非言语手段的重要性，并在教学中恰当地运用它们。

4. 开放性与互动性

在现代教学理念中，教师不仅是知识的传递者，而且是引导者和促进者。

教师应通过提问、讨论、小组活动等多种形式，鼓励学生参与教学过程，表达自己的观点，从而形成开放和互动的学习环境。这不仅有助于深化学生对课程内容的理解，而且有助于培养他们的批判性思维和解决问题的能力。

5. 文化与心理敏感性

高职学生的文化背景和社会背景多样化。因此，在沟通和教学中，教师需要对不同文化需求和心理需求有一定的敏感性。这意味着教师应避免可能引发误解或冒犯的行为或言辞，同时应当识别并适应不同文化背景下学生的独特需求和期望。

（二）教学监控能力

课堂的顺利展开和教学效果的实现不仅依赖教师的沟通能力和教学设计能力，而且与教师的课堂管理能力密切相关。在充满复杂性和多变性的课堂环境中，教学监控显得尤为重要。它涉及以下多个方面。

一是课堂动态的观察是教学监控的基础。教师需要密切观察学生的反应，以评估教学方法和教学内容的有效性。这不仅有助于教师及时发现问题，而且有助于教师灵活地调整教学计划，以适应学生的需求。

二是学生行为的管理是教学监控的重要组成部分，包括课堂纪律的维持、小组活动的设计与分配、课程目标的实现。在有序和高效的课堂环境中，学生才能全身心地投入学习，从而实现预定的学习目标。

三是教学节奏的控制非常关键。教师需要根据学生的学习进度调整教学节奏，确保每个环节都能得到充分的关注和深入的讨论。例如，学生对某一部分内容掌握得相对较快时，教师可以适当加快节奏，以便有更多的时间处理其他问题。

四是教学目标的适时调整是教学监控能力的体现。基于课堂动态和学生反应的观察，教师需要重新评估和调整教学目标，以更好地满足学生的学习需求。这有助于激发学生的学习兴趣和学习动力。

（三）合作研究能力

教学具有复杂性、艺术性和创造性的特点，其对象是具有主体性和多样性的学生。因此，教学不是单一或重复的活动。

高职英语教师应具备出色的合作研究能力，以适应不断变化的教学环境。合作研究能力意味着教师能够与同行或学科专家建立有效的合作关系，共同探讨教学方法和教学策略。这不仅能提高教学质量，而且有助于形成一个共同成长的专业社群。通过集思广益，教师能准确地识别问题、评估解决方案的可行性，并选择有效的教学方法。

实践表明，教师的合作研究能力影响着学生的合作探究能力。有合作研究习惯的教师会把这种习惯迁移到课堂教学中，从而使课堂教学更具亲和力。这样，教师的习惯变成学生的习惯。例如，具备合作研究能力的高职英语教师会与其他学科教师或者专家合作，设计跨学科的课程项目。在这个过程中，教师会发现有效的教学方法，然后与同事或专家讨论，从而形成更完善的教学策略。

这种模式不仅优化了教学方案，而且为学生提供了一个应用英语的平台。更重要的是，学生在合作的过程中学会了分工、高效沟通、解决问题。这种合作和探究的模式逐渐成为课堂文化的一部分。

（四）教学创新能力

创新是教学的灵魂。教师根据教学内容、教学情景和教学对象的变化，创造性地运用教学理论和教学方法，以达到教育目标。教学创新既要遵守基本的教育规律，又不能被条条框框束缚，使教学空间得到拓展并富有弹性，充分体现教师的教学机制。

在高职英语教学中，教学创新能力不仅是教师个人素质的体现，而且是适应教育需求、提升教学质量的关键。创新体现在课堂设计和内容的多样性上。例如，对于酒店管理专业的学生，教师可以设计与专业相关的角色扮演或模拟场景，如"接待客户"。这不仅能提高学生的语言应用能力，而且能加强他们的专业技能。

教学创新还表现在教学方法和教学手段上。在高职英语教学中，教师可以利用现代科技辅助教学。这样的创新不仅让课堂生动有趣，而且能帮助学生有效地复习和练习。例如，教师可以通过在线测试即时检测学生的学习成果，或者通过社交媒体建立学习小组，促进学生之间的互动和合作。

此外，教学创新还体现在教学评估与反馈机制上。传统的考试和作业评价方式无法全方位地反映学生的实际能力。在高职英语教学中，教师可以采用项目式评估、口头报告、实地考察等多元化的评价方式，这不仅能准确地反映学生的发展情况，而且能激励学生积极地参与课堂。

（五）生涯规划能力

在当前多变且复杂的教育环境中，高职英语教师需要具备出色的生涯规划能力。生涯规划能力实际上是一种集自我认知能力、目标设定能力、适应能力、持续学习能力等多项素质于一体的综合能力，如图8-3所示。

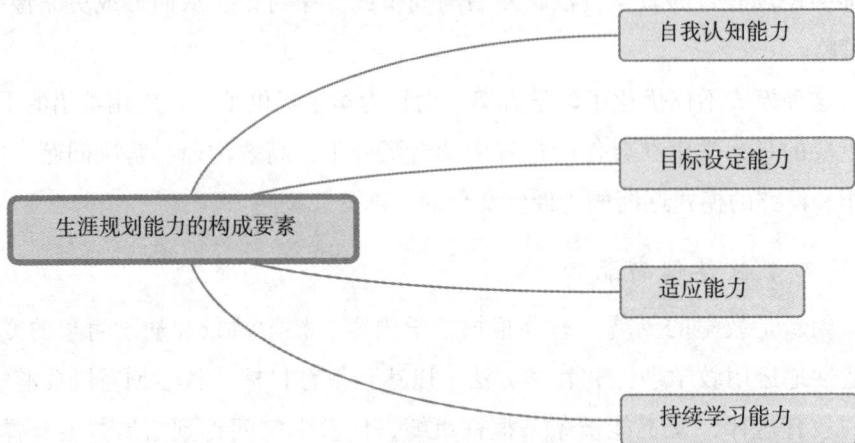

图8-3　生涯规划能力的构成要素

1. 自我认知能力

生涯规划能力要求教师具备很强的自我认知能力，了解自己的优点和不足，准确地评估个人现状和未来的职业发展路径。例如，在高职英语教学中，教师应自行评估自己是否擅长语言应用实践教学，是否有能力将多媒体和网络教学资源有效地整合到课堂中。

2. 目标设定能力

目标设定是生涯规划不可或缺的一环。教师应设定短期和长期的专业发展目标，这些目标应具备具体性、可衡量性、可达到性、相关性和时间限制性的特点。例如，在接下来的一学期内，让80%以上的学生通过某项英语水平测试，或在5年内完成一个英语教学方面的研究项目。

3. 适应能力

教学环境和教育工具都在快速变化，教师需要具有迅速适应这些变化的能力。这意味着教师要不断地更新教学内容，改进教学方法，学习运用新的教育工具。教师应具备敏锐的洞察力。不同年代、不同背景的学生有着不同的学习风格和学习需求。例如，一些学生偏向实用性强、应用导向的教学内容，而其他学生倾向理论性强、研究导向的内容。

4. 持续学习能力

持续学习能力是高职英语教师不可或缺的一种专业素质。一方面，学科知识的不断更新要求教师必须持续学习，以保持教学内容的先进性和准确性。例如，英语词汇和表达方式随着时间而改变，适时更新教学内容是教师的基本职责。另一方面，持续学习还包括教育心理学、教育管理、教育政策等多个方面。教师只有理解学生心理，才能激发学生学习兴趣，提高教学效果。教育政策的理解和运用有助于教师更好地适应教育体制，为学生提供更多的机会和资源。

第二节　高职英语教师的信息化素质要求

在信息化时代，英语教师应具备多样的信息化素质，以适应教育现状不断变化的需求。

一、信息化素质要求

（一）信息检索与分析能力

在当代社会，信息如洪水般涌来，教师的信息检索与分析能力显得尤为重要。搜索引擎、专业数据库和其他在线资源的熟练使用对高质量教学资料的获取至关重要。教师不仅可以找到适当的教材和习题，而且可以获取其他相关的学术文章、新闻报道、视频教程等，形成开阔的教学视野。此外，教师还需要具备筛选、整合和分析信息的能力，以避免将错误或过时的信息带入课堂。教师应从大量的信息中识别出与学生群体相关的文化，从而个性化地调整教学策略。

（二）教育技术应用能力

教育技术的迅速发展改变了课堂的面貌。智能白板、在线教学平台等工具在现代教学中起到了至关重要的作用。具备这些技术应用能力的教师不仅能有效地传授知识，而且能激发学生的学习兴趣。这样的技术应用能够使教学过程更加生动，更容易适应不同学生的学习风格和学习速度。

（三）数字媒体运用能力

数字媒体运用能力已经成为现代教师的基本技能之一。具备数字媒体运用能力的教师能够将幻灯片设计得十分吸引人，包含适当的图片、图表和短视频，以帮助学生理解抽象或复杂的概念。例如，在关于"全球气候变化"的英语课堂上，教师可以插入一段"冰川融化"的短片，以便更形象地展示气候变化的严重性。

此外，教师还可以运用 Kahoot、Quizlet 等互动软件，设计各种在线游戏和在线活动，增强学生的参与度。这样的互动性教学方式不仅可以让学生在娱乐中学习，而且可以针对不同的学生群体推出个性化的教学计划，以满足不同的学习需求。数字媒体使得教师能够方便地更新教学内容。例如，当某个话题成为热门话题时，教师可以迅速查找相关的新闻或文章，并将其整合到教学中。

（四）网络安全与道德意识

随着教学的数字化和网络化，网络安全与道德意识成为教师必备的素质。例如，利用社交媒体进行教学活动时，教师需要明确告知学生不随意分享含有个人信息的内容。如果不注意网络安全，教师和学生都可能成为网络诈骗的受害者。因此，教师不仅要有足够的网络安全意识，而且要教育学生设置强度较高的密码、识别网络钓鱼邮件等。

教师需要确保学生明白在网络世界中，抄袭、欺凌都是不能接受的行为。例如，在教授引用网络资料的课程中，教师可以详细解释合适的引用方式，并给出相应的实例。

（五）在线教学与远程教育能力

教师需要掌握在线教学平台的操作方法，并在这些平台上布置作业、定期考核。成功的在线课堂不仅要求教师上传视频，而且需要教师与学生实时互动，解答疑惑。在线投票和即时反馈都可以保持学生的参与度。

在线环境与传统课堂的动态是不同的，学生可能更容易分心。因此，教师需要通过使用各种方法维持学生的学习动力，包括定期的在线问候、个性化的反馈、在线游戏和竞赛等。

（六）数据分析与评估能力

数据分析在现代教育中扮演着越来越重要的角色。教师可以通过分析学生在在线平台上的行为数据，有针对性地调整教学内容。例如，教师发现学生在某个语法点的练习题上表现不佳，通过进一步的分析，教师会找出问题的根本原因，然后在下一堂课中重点讲解。除了学术表现外，数据分析还涉及出勤率、在线讨论的活跃度等多方面的信息。

（七）沟通与协作能力

教师的沟通与协作能力在信息化教育环境中非常重要。电子邮件和社交媒体使沟通变得更加便捷，还能提供多样的互动方式。教师可以通过电子邮件发送课前预习资料、课后作业，通过社交媒体分享有用的学习资源，甚至组织在线研讨会。此外，一些专门的教育平台也提供了便于教师、学生和家长沟通的功能。例如，教师可以通过这些平台发布成绩，方便家长跟踪孩子的学习进度。

二、信息化素质提升的方法

在信息化时代，高职英语教师面临着多种挑战。因此，教师信息化素质的提升显得尤为重要。

（一）系统化培训

1. 搜索与信息分析培训

在信息爆炸的时代，高职英语教师应具备强大的信息检索与分析能力。培训应从基础的搜索引擎使用开始，逐步提升到专业数据库和学术期刊的高级搜索。例如，讲师不仅要教会教师利用百度学术进行精准搜索，而且要教会教师用元搜索引擎进行更广泛的信息检索。此外，高质量和可靠学术资料的识别也很关键。评估信息来源的可靠性，如查看引用次数、作者资格等。教师应学会整合信息，以构建深刻的课堂内容。

2. 教育技术应用培训

教育技术是现代教育不可或缺的一部分。高职英语教师需要掌握多种教育技术工具，以适应不同的教学需求。应用培训应从基础的幻灯片制作和智能白板操作开始，逐步提升到高级的在线教学平台和多媒体制作软件。例如，讲师不仅要教授智能白板的基本操作，而且要展示教师与学生的互动，如实时问答、投票等。对于在线教学平台，教师应了解作业布置、在线测试、学生进度跟踪等方面的信息。多媒体制作软件应纳入培训范围，教师可以用这些工具制作富有吸引力的教学视频。

3. 数据分析培训

数据分析在教育领域的重要性逐渐显现，特别是在个性化教学方面。讲师应教授教师利用各种工具和平台收集学生数据，包括在线测试成绩、作业提交情况、在线平台上的互动数据。数据收集完成后，教师要对其进行解析。教师应学会使用数据分析工具，如专业的统计软件。解析结果可以用于教学计划的调整、教学方法的有效识别。此外，数据分析还可以用于教学质量的提高和自我评价。

（二）实践操作与反馈

1. 教学实践

在高职英语教学中，实践操作是信息技术应用能力和数据分析能力的真正检验场。教师需要在真实的课堂环境中应用所学知识，以提高教学效果和学生参与度。例如，在商务英语课程中，教师可以使用智能白板，模拟商务会议的场景，让学生参与角色扮演。这样的互动不仅可以提高学生的参与感，而且能让他们直观地理解商务文化和礼仪。同时，教师可以通过在线平台布置与商务相关的任务，进而利用数据分析工具，评估学生的完成情况。

2. 反馈机制

持续的反馈是教学模式成功的关键。为了实现这一目标，教师、学生及其他教育利益相关者需要构建一个有效的反馈机制。课堂教学结束后，教师可以通过问卷或在线调查工具收集学生的反馈，了解他们对课堂内容、教学方法、教学工具的看法。此外，与同事和行业专家的定期交流也很有价值，可以提供专业的反馈和建议。除了日常的作业和测验反馈外，教师也可以通过一对一的沟通了解学生的学习需求，从而对教学进行个性化的调整。通过这些多层次、多角度的反馈，教师不仅可以持续改进教学方法，而且可以精准地满足学生的学习需求，从而提高整体的教学质量。

（三）持续更新与自我提升

1. 订阅教育资讯

在高职英语教学中，教师的教育理念需要与时俱进。这不仅包括英语语言和文化的持续更新，而且包括教育方法和教育技术的快速发展。因此，教师应订阅专业杂志、关注教育领域的新闻和研究，以保持前瞻性。例如，通过订阅教育技术相关的专业杂志，教师可以了解最新的在线教学平台或多媒体工具。通过关注英语语言教学相关的研究，教师能有效地教授语法、词汇等方面的知识。这样的信息不仅能帮助教师提升教学质量，而且能增强学生的学习兴趣。

2. 参与研究与研讨会

在高等职业教育领域，研究和研讨会是获取最新信息、交流观点的重要途径。例如，如果某种新型互动软件有助于提高学生的语言应用能力，那么教师会在相关的研讨会上分享该软件。这不仅给教师带来了交流和学习的机会，而且对整个高职英语教学产生了有益的影响。通过参与这些活动，教师不仅能保持专业知识和技能与时俱进，而且能在交流的过程中获得新的灵感和观点，从而不断地提升教学水平和专业素养。

（四）跨学科与多元合作

1. 与其他科目教师合作

在高等职业教育环境下，跨学科合作具有特别的重要性。与其他科目教师的合作不仅能为高职英语教师提供多角度的教学视野，而且能为学生提供更好的学习体验。例如，教授与商务相关的英语内容时，高职英语教师可以与商业或经济科目的教师合作，共同设计一门"商务英语与市场分析"的综合课程。在这个课程中，学生不仅学习用英语进行商务沟通，而且学习用英语解读市场数据和分析报告。与计算机科学教师的合作可以帮助英语教师有效地运用教育技术。例如，计算机科学教师会提供一些编程工具或软件，帮助高职英语教师精准地追踪和分析学生的学习进度和成绩。

2. 与产业界合作

高等职业教育的核心目标是提供职业技能培训，以满足产业界的需求。因此，高职英语教师与产业界的合作具有特别的意义。这种合作不仅能使教师了解当前产业对英语技能的具体需求，而且能及时调整教学内容，以贴近实际应用。例如，高职英语教师可以与当地的旅游公司合作，了解其对员工英语能力的具体需求。基于这些需求，设计出更具针对性的"旅游英语"课程。

与产业界的合作可以带来实习和项目合作的机会，让学生在实际工作环境中应用并练习英语技能。这不仅有助于学生更好地将课堂所学与实际工作相结合，而且能为他们的就业提供更多的可能性。通过这两方面的合作，高职英语教师不仅能提升教学质量，而且能为学生提供更广阔的学习平台和发展平台。

（五）创建学习社群

在高职英语教育领域，学习社群的创建已经成为一种不可或缺的现代教育手段。社交媒体和专门的教育平台提供了丰富的机会，帮助教师解决问题。

1. 共享资源

高职英语教师可以上传自己设计的课件、模拟考试题、录音、视频等，并与同行分享。这不仅减轻了教师单独准备教材的负担，而且能使教师进一步提高教学质量。

2. 交流教学经验

经验交流在高职英语教师的专业发展中占据重要地位。社群提供了一个平台，教师可以在这里分享各种教学策略。例如，高职英语教学往往注重职业场景和专业词汇。在这样的背景下，教师可以分享成功案例，讨论如何有效地教授专业英语词汇，如何将实际的工作场景融入课堂教学中。这样的经验交流不仅能帮助新手教师快速适应高等职业教育的特点，而且能促进资深教师的反思和改进。

3. 咨询与解答问题

学习社群是一个问题咨询和解答平台。教师在使用某个新的在线教学平台或教育软件时会遇到技术问题，他们可以即时发布问题，寻求同行或者专家的意见。这种及时的反馈机制能有效地解决教学中的实际问题，减少教师的心理压力，同时有助于提升教学质量。

4. 讨论特定主题

针对高职英语教学的特定需求，学习社群可以设立专门的板块或子群组，以便学生进行深入的讨论。例如，对于职场文化教育，教师可以通过角色扮演、实地考察等方式，使学生更好地了解职场文化和礼节。对于英语口语实践，教师可以通过多媒体资源或线上交流平台，提高学生的口语能力。这种针对性的讨论不仅能解决高职英语教学中的特定问题，而且能促进教师之间的深度合作，实现教学资源和教学方法的优化与更新。

参考文献

[1] 王九程.信息化时代高职英语教学研究[M].长春：吉林人民出版社，2020.

[2] 王娟.高职英语教学与教师职业能力培养研究[M].沈阳：辽宁大学出版社，2021.

[3] 李克东，谢幼如.融合·创新：信息技术促进高等教育的改革与发展[M].广州：华南理工大学出版社，2012.

[4] 老青，江洁.文科高职英语教育教学研究：以北京地区高等职业院校文科类专业为例[M].北京：北京语言大学出版社，2014.

[5] 向晓.高职院校专门用途英语教学与研究[M].北京：对外经济贸易大学出版社，2013.

[6] 资灿.高职英语教学的发展与创新研究[M].成都：西南交通大学出版社，2020.

[7] 杨明军."互联网+"背景下的高职英语教学模式探究[M].北京：九州出版社，2017.

[8] 黄月花.智慧课堂背景下能源电力行业英语教学与研究[J].现代职业教育，2023（25）：33-36.

[9] 周茜.信息技术时代大学英语教学改革与发展研究：评《信息化背景下的大学英语教学改革》[J].人民长江，2023，54（8）：256.

[10] 董丽娜.现代高校英语教学的信息化转型探索：评《大学英语教学与教师信息化素养研究》[J].中国科技论文，2023，18（8）：940.

[11] 金露，李梓.信息化时代大学英语翻译教学方法及技巧探究：评《大学英语翻译教学与实践应用》[J].人民长江，2023，54（7）：246-247.

[12] 任皓.TPACK框架下高职院校英语教师信息化教学能力提升研究[J].湖北开放职业学院学报，2023，36（14）：152-154.

[13] 丁莹.基于微课的高职英语语音信息化教学探究 [J]. 英语广场，2023（21）：99-102.

[14] 孔艳君.高职远程教育英语教学特色化发展路径探究 [J]. 辽宁高职学报，2023，25（7）：24-27，32.

[15] 韩秀梅，李华伟，王瑞娇.网络环境下大学英语线上线下相结合教学模式问题探究 [J]. 互联网周刊，2023（14）：73-75.

[16] 吕毅，郭艳玲.信息化时代网络辅助英语学习模式的建构与实践：评《计算机网络辅助英语教学的理论和实践》[J]. 中国科技论文，2023，18（7）：815.

[17] 崔宁.新媒体时代高职英语教育教学的创新方法 [J]. 英语广场，2023（20）：112-115.

[18] 王馨婕.基于现代教育技术的新型高职英语教学模式研究 [J]. 英语广场，2023（20）：124-129.

[19] 申蕾，闫文军，周咏梅.经验学习循环理论视域下军事英语教学的有效策略 [J]. 北京工业职业技术学院学报，2023，22（3）：91-93.

[20] 黄黎容.文化自信视域下的高职英语教学改革探究 [J]. 吉林省教育学院学报，2023，39（7）：34-38.

[21] 殷健.信息化背景下高校英语教育模式创新探究：评《高校英语教育模式创新研究》[J]. 中国教育学刊，2023（7）：155.

[22] 刘志宇.大学英语教育政策与新时代社会共变关系：评《大学英语教学指南（2020版）》[J]. 科技管理研究，2023，43（13）：247.

[23] 薛舒.教育信息化背景下综合英语课程群在线教学资源建设研究 [J]. 湖北开放职业学院学报，2023，36（12）：151-152，156.

[24] 陈锐.职业能力培养视域下高职商务英语教学创新路径探究 [J]. 邢台职业技术学院学报，2023，40（3）：31-34，43.

[25] 李吉婧.高校商务英语信息化教学模式的应用初探 [J]. 英语广场，2023（18）：96-99.

[26] 邓柯.基于VR一体机的警务英语教学探索 [J]. 英语广场，2023（18）：88-91.

[27] 刘伊娜.教育信息化背景下大学英语混合式教学模式构建与实践研究 [J]. 海外英语，2023（12）：147-149，156.

[28] 王译晗.基于语料库数据驱动的高校英语混合式教学模式探究 [J]. 海外英语，2023（12）：157-159.

[29] 李新瑾.信息化背景下高职英语教学模式的优化策略[J].科教导刊,2023(10):58-60.

[30] 魏惠强."互联网"时代高职英语信息化教学模式研究[J].中国新通信,2023,25(12):206-208.

[31] 仇旭燕.信息化背景下专门用途英语自主学习教学研究[J].湖北开放职业学院学报,2023,36(11):157-159.

[32] 董映妮."互联网+"背景下高职公共英语信息化教学模式研究[J].信息系统工程,2023(6):161-164.

[33] 姜军.信息化背景下探索大学英语教学模式改革:评《基于现代教育技术的大学英语教学改革路径探析》[J].中国高校科技,2023(5):106.

[34] 郭丽,田绮.UMOOCs平台下混合式英语教学模式的构建研究[J].吉林农业科技学院学报,2023,32(3):121-124.

[35] 尹鹭蕾.教育信息化背景下高职英语教学改革与实践探索[J].英语广场,2023(17):113-116.

[36] 王超剑,余叶子,聂志宇.服务性学习视域下英语教育服务区域经济发展的策略及路径[J].湖南邮电职业技术学院学报,2023,22(2):97-100.

[37] 马燕.国内高职院校英语教学实效性研究:基于CiteSpace的可视化分析[J].英语广场,2023(17):88-92.

[38] 杨运杰.基于"云班课+好弹幕"的大学英语信息化教学改革与实践[J].海外英语,2023(11):185-187.

[39] 张音.信息化背景下的中职英语教学策略[J].亚太教育,2023(12):98-100.

[40] 沈璟,林琳.高职英语教师信息化教学能力的现状与提升对策[J].江西电力职业技术学院学报,2023,36(3):24-26.

[41] 符梓恩.信息化背景下高职院校英语线上线下混合式教学模式研究[J].海外英语,2023(9):207-209.

[42] 张聪聪.信息化教学模式背景下的高职院校公共英语自主学习能力培养机制研究[J].海外英语,2023(9):229-231.

[43] 崔式蓉.信息化赋能高校英语教学高质量发展:评《高校英语信息化教学研究》[J].中国油脂,2023,48(6):160.

[44] 张媛.探析大学英语读写教学信息化之发展[J].现代英语,2021(14):56-58.

[45] 宋瑞雪.教育信息化背景下高校英语语音教学改革与实践:评《英语语音教程》

[J]. 科技管理研究，2023，43（11）：242.

[46] 王姗姗. 虚拟现实技术在商务英语教学应用：评《高校商务英语信息化教学改革研究》[J]. 应用化工，2023，52（6）：1951.

[47] 陆金丽. "一带一路"背景下高职英语教师能力发展探究：评《高职英语教学的发展与创新研究》[J]. 应用化工，2023，52（6）：1945.

[48] 张格兰. 信息化背景下大学英语听说课程教学之管见 [J]. 现代英语，2020（2）：29-31.

[49] 武小合. 中学英语信息化教学与教师教技素养的提升 [J]. 中国新通信，2023，25（11）：185-187.

[50] 郭笑宁. "互联网+"时代高校英语教育优化与创新 [J]. 中国新通信，2023，25（11）：191-193.

[51] 牛园园. 信息化背景下高职商务英语网络教学中的问题与对策 [J]. 中国多媒体与网络教学学报（中旬刊），2023（4）：29-32.

[52] 刘莹. 整合移动工具的大学英语信息化教学模式设计：基于随行课堂与UNIPUS 平台 [J]. 现代英语，2023（3）：9-12.

[53] 李洋，王雅君. 信息化教学背景下提高英语专业学生教学法学习积极性的策略探究：以《英语教学法教程》为例 [J]. 现代英语，2022（1）：25-28.

[54] 曹小琳. 信息化背景下的大学英语翻译教学模式研究 [J]. 现代英语，2021（14）：78-80.

[55] 李婧仪. 探讨信息化背景下的大学英语翻译教学模式 [J]. 现代英语，2022（6）：48-51.

[56] 陈懿. 以信息化产出为导向的大学英语教学模式研究 [J]. 广东农工商职业技术学院学报，2023，39（2）：61-65.

[57] 唐志勇. 信息化语境下英语专业翻译课程教学改革研究 [J]. 现代英语，2021（13）：45-47，54.